JN272731

国際開発と内発的発展

フィールドから見たアジアの発展のために

北脇秀敏・金子　彰・岡﨑匡史　［編］

東洋大学国際共生社会研究センター監修

朝倉書店

執筆者

北脇　秀敏（きたわき　ひでとし）	教授，国際共生社会研究センター長（環境衛生学），編集者
金子　彰（かねこ　あきら）	客員研究員（社会資本整備・地域開発）（1章），編集者
岡﨑　匡史（おかざき　まさふみ）	研究助手，編集者
眞子　岳（まなご　がく）	助教（水環境学）（2章）
松丸　亮（まつまる　りょう）	教授（防災・途上国開発）（3章）
久留島　守広（くるしま　もりひろ）	教授（エネルギー・資源論）（4章）
藤井　敏信（ふじい　としのぶ）	教授（地域計画）（5章）
藪長　千乃（やぶなが　ちの）	教授（比較福祉政策）（6章）
清水　由賀（しみず　ゆか）	客員研究員，文京学院大学・非常勤講師（比較福祉政策）（6章）
マリア・ロザリオ・ピケロ＝バレスカス	教授（ジェンダー論）（7章）
島川　崇（しまかわ　たかし）	准教授（観光マーケティング）（8章）
堀　雅通（ほり　まさみち）	教授（交通経済学）（9章）
束村　康文†（つかむら　やすふみ）	（NPO法人）ピースウィンズ・ジャパン（NGO活動）（10章）
蔵　志勇（ぞう　しゆう）	客員研究員，寧夏大学・准教授（産業政策論）（11章）
松本　尚之†（まつもと　ひさし）	横浜国立大学教育人間科学部・准教授（文化人類学）（12章）
松行　輝昌（まつゆき　てるまさ）	客員研究員，大阪大学全学教育推進機構・准教授（産業組織論）（13章）

所属：東洋大学国際地域学部，同国際共生社会研究センター
†印は別所属

は じ め に

　東洋大学国際共生社会研究センター（以下「センター」と表記）は，2001年に設立されて以来，アジア地域における共生社会の構築に関する研究を行っており，多数の出版物を発行してきた．センターでは平成22年度から現在の研究課題「アジア開発途上地域における内発的発展支援手法の開発」に取り組んでおり，本書はその課題に関する2冊目の書籍と位置づけられる．2012年に刊行された前著『国際開発と環境』では，アジア地域の内発的発展を社会学，経済学，環境工学，行政学，市場メカニズム，地域・観光資源など，それぞれの学問領域の観点から説き起こした．

　これに対し本書では，「内発的発展」は「地元主導の地域づくりに主眼を置いた産業開発・人間開発・社会開発」との考えに基づき，人材育成，ビジネス，災害からの復興や福祉，エネルギーや交通，移住・移民問題などのトピックに取り組んでいる．本書は全13章より構成され，国内外のフィールド調査で得られた知見から国際開発と内発的発展を論じている．本書の概略は以下のとおりである．

　第1章の「内発的発展と国際協力」は，日本の大学や実務において，内発的発展を進めるために必要な途上国政府等の人材や組織の育成と国際協力に必要な実践的人材をいかに育成するかを，国際協力経験豊富な金子 彰が論じた．第2章の「BOPビジネスと内発的発展」では，バングラデシュやカンボジアをフィールドにして，貧困層の生活改善と内発的発展に寄与する適正技術を援用したBOPビジネスのモデルを，若手研究者である眞子 岳が模索している．第3章の「防災と内発性」は，自助・共助という地域の主体的参加による防災が不可欠であることを防災の専門家である松丸 亮が釜石やアチェの事例で論じた．第4章の「エネルギー・環境問題と内発的発展」は，エネルギー政策の論客である久留島守広が，途上国の内発的発展の制約になるエネルギー・環境問題の解決のための技術移転と人材育成が，日本と途上国双方に有益であるとの議論を展開している．第5章の「復興過程と内発的発展」は，都市計画の専門家であり東洋大学東日本大震災復興問題対策チームを率いる藤井敏信が，現地調査に基づき復興に向け，仕事の

再生とにぎわいの再生について現実的な提案をまとめた試論である．第6章の「社会福祉の内発的発展」は，社会福祉の専門家の藪長千乃と中国をフィールドとする清水由賀が内発的発展論から日本と中国の社会福祉・地域福祉を政府の関与の違い等の観点から論じたものである．第7章の「女性と災害」は，ジェンダー研究の専門家マリア・ロザリオ・ピケロ＝バレスカスが出身国フィリピンを事例として台風などの災害時の女性の脆弱性を社会的・文化的規範から解き明かしたものである．第8章の「被災地観光と内発的発展」は，ダークツーリズムの研究者である島川　崇が自然災害の惨禍を地域資源（遺産）として活かしている被災地観光について，中国とタイの現状を調査し被災地に内発的発展をもたらす観光とは何かについて考察している．第9章の「地域交通と内発的発展」は，交通政策を専門とする堀　雅通が，各地域住民の自発的な意志から公共交通の利活用を通じてその拡大発展に努めることを地域交通の内発的発展と考え，日本，アジア，欧米の地域交通と内発的発展について考察した．第10章の「NGOと内発的発展」は，長年NGO活動に従事してきた束村康文がミャンマーで実施した村落給水プロジェクトの実施を通じて内発的発展のための人材育成を行った事例とその評価が示されている．第11章の「脱貧困と内発的発展」は，中国出身の蔵　志勇が中国内陸部寧夏省山岳地域における人口増による生態環境破壊と貧困の解決策としての生態移民（農村居住者の適地への移転）について述べた．第12章の「国際移民と内発的発展」は，アフリカ研究者の松本尚之が，在日ナイジェリア人の同郷団体の活動を通した故郷の内発的発展の支援と，創造的構造変化の担い手といえる国際移民について述べた．第13章の「ソーシャルビジネスと内発的発展」は，ソーシャルビジネスの研究者である松行輝昌が，内発的発展を促す多様な主体のパートナーシップ形成と，その事例としてNPOコペルニクとハイブリッド・バリューチェーンをとりあげている．

　なお，本書を刊行するにあたり朝倉書店編集部には編集作業において多大なご尽力をいただいた．ここに心から感謝したい．
　2014年7月

東洋大学副学長，東洋大学国際共生社会研究センター長　北　脇　秀　敏

目　　次

1. 内発的発展と国際協力 ― 経験からの人材育成 ―……………（金子　彰）……1
    1.1 はじめに………………………………………………………………………1
    1.2 国際協力における人材育成の意義…………………………………………2
    1.3 JICA専門家からみた国際協力と人材育成…………………………………3
        1.3.1 政府機関に対する国際協力と人材育成 ― 筆者のJICA専門家と
             しての経験から ―………………………………………………………3
        1.3.2 現場技術者に対する国際協力と人材育成…………………………5
    1.4 大学教育等における国際協力のための人材育成…………………………7
        1.4.1 系統的な教育による人材育成………………………………………7
        1.4.2 フィールドを中心とした実践的な人材育成………………………9
    1.5 海外での活動を希望する実務者への期待…………………………………11
    1.6 おわりに………………………………………………………………………12

2. BOPビジネスと内発的発展……………………………………（眞子　岳）……14
    2.1 BOPビジネスの歴史…………………………………………………………14
        2.1.1 BOPビジネスの起源…………………………………………………14
        2.1.2 国際協力機構におけるBOPビジネス………………………………15
        2.1.3 BOPビジネスと適正技術……………………………………………17
    2.2 バングラデシュ人民共和国におけるBOPビジネス………………………19
        2.2.1 バングラデシュ人民共和国…………………………………………19
        2.2.2 バングラデシュにおける習慣と日本製品の適応…………………19
    2.3 カンボジア王国におけるBOPビジネス……………………………………22
        2.3.1 カンボジア王国………………………………………………………22
        2.3.2 カンボジアにおける習慣と日本製品の適応………………………22
    2.4 内発的発展を目指したBOPビジネスの展望………………………………24

3. 防災と内発性 ―「内発的発展のための防災」と「防災活動における内発性」という二つの視点から ― ･････････････(松丸 亮)･･････26
　3.1　はじめに･･･26
　3.2　自然災害と防災･･･27
　　3.2.1　なぜ防災が話題になるのか･････････････････････････････････27
　　3.2.2　開発イシューとしての防災･････････････････････････････････29
　　3.2.3　防災とは何か･･･30
　3.3　防災と内発性･･･32
　　3.3.1　内発的発展のための防災･･･････････････････････････････････33
　　3.3.2　防災活動における内発性･･･････････････････････････････････34
　　3.3.3　コミュニティレベル防災活動 ― 防災活動への住民参加 ―･･････36
　3.4　おわりに･･･38

4. エネルギー・環境問題と内発的発展････････････････(久留島守広)･･････40
　4.1　はじめに･･･40
　4.2　省エネルギーとアジアとの連携････････････････････････････････42
　4.3　新エネルギーの展開･･43
　4.4　化石燃料のクリーン利用･･････････････････････････････････････45
　4.5　バイオマス関連プロジェクトの経験････････････････････････････46
　4.6　技術移転と内発的発展･･48
　4.7　おわりに･･･50

5. 復興過程と内発的発展･･････････････････････････････(藤井敏信)･･････53
　5.1　被災地の現在･･･53
　5.2　調査報告･･･55
　5.3　被災地の課題と展望･･64

6. 社会福祉の内発的発展 ― 日本と中国の事例を参考に ―
　　･･････････････････････････････････････(藪長千乃，清水由賀)･･････70
　6.1　社会福祉研究における分析視角としての内発的発展･･････････････70
　6.2　日本における社会福祉の発展とその内発的要素･･････････････････73

6.2.1　社会福祉の生成から「福祉元年」まで ─ 官製福祉の展開 ─ ……… 73
　　6.2.2　福祉元年以降 ─「地域福祉」の時代へ ─ …………………………… 74
　6.3　中国における社会福祉の発展とその内発的要素 ………………………… 75
　　6.3.1　改革開放以後の社会変化 ……………………………………………… 76
　　6.3.2　社会福祉の発展 ─「社区」と民間高齢者施設 ─ …………………… 77
　6.4　おわりに ……………………………………………………………………… 80

7．**女性と災害 ─ 脆弱性と回復力 ─**
　　………………………………………（マリア・ロザリオ・ピケロ＝バレスカス）…… 84
　7.1　はじめに ……………………………………………………………………… 84
　7.2　災害と女性の脆弱性 ………………………………………………………… 85
　　7.2.1　女性と脆弱性の定義 …………………………………………………… 86
　　7.2.2　災害が女性の脆弱性に与える影響 …………………………………… 87
　7.3　災害と女性の回復力 ………………………………………………………… 91
　　7.3.1　生存のイニシアティブ ………………………………………………… 91
　　7.3.2　地域社会のイニシアティブ …………………………………………… 92
　　7.3.3　脆弱性から回復力へ …………………………………………………… 93
　7.4　おわりに ……………………………………………………………………… 93

8．**被災地観光と内発的発展** ………………………………………（島川　崇）…… 98
　8.1　はじめに ……………………………………………………………………… 98
　8.2　観光振興のメリット，デメリットとサステイナブル・ツーリズム …… 99
　　8.2.1　観光地化のメリット …………………………………………………… 99
　　8.2.2　観光地化のデメリット ………………………………………………… 100
　　8.2.3　サステイナブル・ツーリズムという考え方 ………………………… 101
　　8.2.4　サステイナブル・ツーリズムを実現するために …………………… 102
　8.3　被災地観光の現状 …………………………………………………………… 104
　　8.3.1　県都まるごと保存して地震テーマパークにした中国四川省
　　　　　　北川県 …………………………………………………………………… 104
　　8.3.2　国家主導で津波惨禍を新たな資源として積極的に活用するタイ
　　　　　・パンガー県 …………………………………………………………… 106

8.4　おわりに ── 被災地観光を地域の内発的発展に結びつけるために ── …107

9. **地域交通と内発的発展** ………………………………………（堀　雅通）……110
  9.1　はじめに ── 公共交通の内発的発展 ── ………………………………110
  9.2　ICカードによる都市交通の内発的発展 …………………………………111
  9.3　地方都市における公共交通の内発的発展 ………………………………112
  9.4　アジアの地域交通と内発的発展 …………………………………………114
  9.5　欧米の地域交通と内発的発展 ……………………………………………115
  9.6　おわりに ── 公共交通政策のパラダイム転換 ── ……………………117

10. **NGOと内発的発展** ── フィールドからの報告 ── ………（束村康文）……120
  10.1　NGOは地域の内発的発展のアクターの一つ ……………………………120
  10.2　プロジェクトの実施による能力開発 ……………………………………120
  10.3　生活用水供給プロジェクトにおける地域の内発的発展の取組み ……121
    10.3.1　プロジェクトチームの内発的発展の過程 …………………………122
    10.3.2　プロジェクトを実施する現地技術者の育成 ………………………123
    10.3.3　村の技術力の向上 ……………………………………………………124
    10.3.4　村による水供給施設の運営 …………………………………………126
    10.3.5　村人による村の自己分析・評価 ……………………………………127
    10.3.6　各村の比較，学び合い ………………………………………………128
    10.3.7　計画，実施，評価のサイクル ………………………………………129
    10.3.8　経済的自立に向けたプラニングの始まり …………………………129
  10.4　NGOの現場での人材育成による内発的発展 ……………………………130

11. **脱貧困と内発的発展** ── 中国・寧夏における生態移民事業の事例を
    中心に ── ………………………………………………………（蔵　志勇）……132
  11.1　はじめに …………………………………………………………………132
    11.1.1　研　究　背　景 ………………………………………………………132
    11.1.2　研　究　意　義 ………………………………………………………132
    11.1.3　生態移民の定義 ………………………………………………………133
  11.2　寧夏における生態移民事業の由来 ………………………………………134

  11.2.1　寧夏地方の生態環境 …………………………………………… 134
  11.2.2　寧夏地方の人口と自然 …………………………………………… 134
  11.2.3　寧夏地方の生態修復 ……………………………………………… 136
  11.2.4　国からの寧夏地方の生態移民に対する政策支援 ……………… 137
 11.3　寧夏の生態移民の事業から得た成果 ………………………………… 137
  11.3.1　寧夏で生態移民事業を行う必要性 ……………………………… 138
  11.3.2　寧夏における内発的発展の生態移民事業の成功事例 ………… 138
  11.3.3　寧夏地域の内発的発展の生態移民事業が得た実績 …………… 140
 11.4　残された問題 …………………………………………………………… 140
 11.5　寧夏における生態移民事業の対策と提案 …………………………… 142
 11.6　将来の課題と展望 ……………………………………………………… 143

12.　国際移民と内発的発展 ── 日本に暮らすアフリカ人と発展の場 ──
 ……………………………………………………………（松本尚之）…… 146
 12.1　はじめに ──「移民の時代」の内発的発展 ── ……………………… 146
 12.2　「移民の時代」と日本 …………………………………………………… 147
  12.2.1　「移民の時代」と国家 …………………………………………… 147
  12.2.2　アフリカから日本へ ……………………………………………… 148
 12.3　在日ナイジェリア人と発展の場 ……………………………………… 150
  12.3.1　移住地における故郷のつながり ………………………………… 150
  12.3.2　移民達と故郷の関わり …………………………………………… 151
  12.3.3　移民達と移住地の関わり ………………………………………… 152
 12.4　おわりに ── 国際移民と内発的発展 ── …………………………… 154

13.　ソーシャルビジネスと内発的発展 ── ソーシャルビジネスにおける
 パートナーシップ形成のメカニズム ── …………（松行輝昌）…… 157
 13.1　はじめに ………………………………………………………………… 157
 13.2　パートナーシップの類型 ……………………………………………… 158
 13.3　パートナーシップの事例分析 1 ── NPO コペルニク ── ………… 159
 13.4　パートナーシップの事例分析 2 ── ハイブリッド・バリュー・
  チェーン ── …………………………………………………………… 164

13.5 静的なパートナーシップ………………………………………165
13.6 動的なパートナーシップ………………………………………166
13.7 おわりに…………………………………………………………169

索　引……………………………………………………………………171

1. 内発的発展と国際協力
― 経験からの人材育成 ―

1.1 は じ め に

　内発的発展とは何かについては当センターの監修の図書に述べられている[1]．ここでは少し観点を変えて内発的発展と国際協力とくにそのための人材育成について述べる．

　筆者は，長い期間にわたり社会資本整備やその運営を中心とした部門に関する社会経済の計画づくりの研究や実務に携わってきた．この経験を踏まえ，国際協力事業団（現（独）国際協力機構：Japan International Cooperation Agency；JICA）からカンボジア政府に専門家として派遣され，カンボジア王国公共事業運輸省大臣アドバイザーとして勤務する機会を得た．さらに専門家としての活動の経験を踏まえ，様々な国際協力に携わる機会を得るとともに，研究・教育の場において後に続く人達にそこで得られたものを伝える機会を得た．この経験から筆者は国際協力の中心的な責務は人材育成にあると考えている．協力の対象となる発展途上国とわが国の双方の人材育成である．

　国際協力には後で述べるように様々なスキームがあるが，そこに共通するものが人材育成と考えられる．また，個別の人材と同時にキャパシティビルディングといわれる政府組織の強化もその一環である．

　同時にわが国においても，これらを担う人材の育成が必要であり，国際協力に携わることを目指す実務者や学生は少なくないと考えられる．とくに発展途上国で求められている分野，例えば地域開発や環境などの多様な専門分野の実務者，あるいはそのための専門の教育を受けている人材が国際協力に携わるための育成が重要であると考える．しかし，必ずしもそのための体系的な育成が広くなされてはいない[2]．

本章では上述の背景を踏まえ，筆者の経験を中心に発展途上国の内発的発展に寄与する国際協力における人材育成とは何かを考えていくことを目的としており，国際協力の対象国における人材育成およびその人材が機能するためのキャパシティビルディングならびにわが国における国際協力に携わる人材育成の両面を対象としている．

1.2 国際協力における人材育成の意義

国際協力には図 1.1 に示すように多様なものがある．技術協力の中には，研修など直接人材育成を目的とするものがあるが，それ以外の開発調査や専門家派遣などの技術協力も調査や専門家の活動を通じて対象国の人材の育成を行うわけで，広義の人材育成ということができる．さらに，経済協力においても多くは単にものをつくるあるいは資金や機材を供与するのではなく，これを通じて協力対象国の人々の能力向上を目指すことが重要な役割であり，人材育成の機能も少なくない．例えば，施設整備における対象国の技術者のオン・ザ・ジョブ・トレーニング（OJT）をあげることができる．

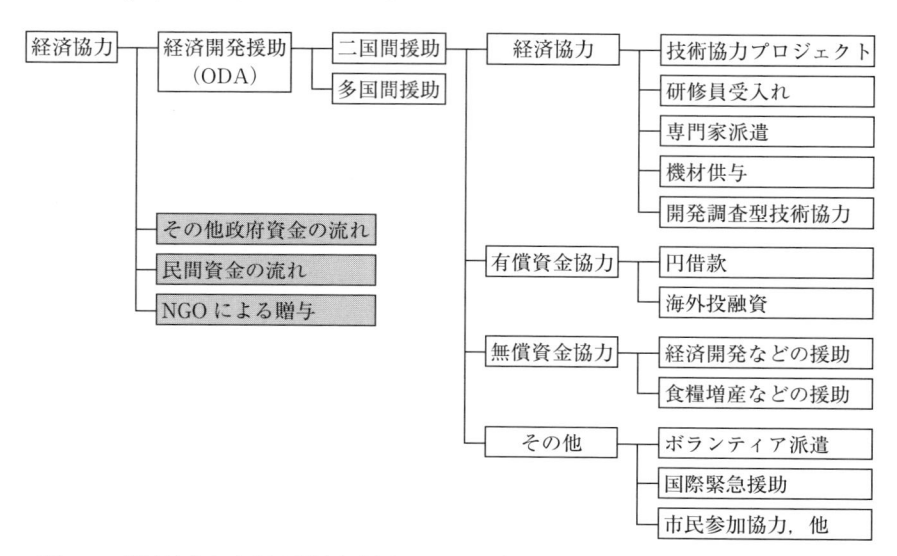

図 1.1 経済協力と政府開発援助（出典：国際協力機構「JICA 2013」をもとに筆者作成．
http://www.jica.go.jp/about/report/2013/ku57pq00001ktsgk-att/all.pdf）
注：着色部は ODA 以外の経済協力

また，近年キャパシティビルディングといわれる政府の能力向上が重要な協力の対象となっている．これは制度・組織の構築と運用する人材の育成を目指すものである．

　このように，基本的には国際協力は人材育成すなわち協力対象の国における人々のイニシアティブと専門能力の向上を目指すものである．例えば先進国で実施している制度や技術などを伝える，機材を供与する，だけでは国際協力としては不十分で実際の役に立つか疑問である．人材育成を主目的としない協力であっても人材育成に配慮するのが日本の ODA の特徴と考えられる．しかし，これは容易ではない．時間と人材，とくに日本側の専門能力とともに柔軟さと相手側や関係者と共同して成し遂げることのできる能力が必要となる[3]．また，JICA や専門機関が行っている人材育成については JICA の Web サイトで公開されている各年の JICA 報告書[4] に示されているので参照されたい．

　NGO による国際協力も広く行われているが，施設や機材などの供与を行うのみでは不十分で，相手国の人々が自らつくり運営していく能力をもつようになってはじめて協力を行った意義があると考えられる．このため，筆者が本年（2014 年）2 月にミャンマーを訪れ認定特定非営利活動法人ブリッジ エーシア ジャパン（BAJ）という NGO を訪問した．この団体においては，難民支援のための職業訓練などを行ってきており，それ自体人材育成を目指した重要なものであるが，さらに現在ミャンマー中央乾燥地帯において井戸掘削による村落部の水供給を支援している．そのためには，現地の技術者とともに自ら現地で掘削作業を行うことにより地元で実際の業務を自ら実施できる担当者の人材育成により専門技術者を輩出している．さらに村落の人々が，自ら井戸による水供給を継続できるよう支援を行っており，このような活動に対して本学教員等も協力している．いずれにせよ，このような活動も人材育成がそのポイントといえよう[5]．

1.3　JICA 専門家からみた国際協力と人材育成

1.3.1　政府機関に対する国際協力と人材育成 ── 筆者の JICA 専門家としての経験から ──

　JICA 専門家の業務は医療・教育・産業・社会開発・技術など様々な分野にわたっており，その任期も短期のものから長期にわたるものまで各種各様である．

その経験はJICAのWebサイト[6]のほか様々な書物などで刊行されているので，興味のある方はぜひ参照していただきたい．

さて，筆者のJICA長期専門家としての経験は1996〜1998年の2年間にわたり，カンボジア王国公共事業運輸省に派遣されたことである．任務はカンボジア政府の運輸交通行政に助言することであり，カンボジア政府から運輸交通大臣アドバイザーという肩書を与えられ，首都プノンペンにある公共事業運輸省に勤務した．

現地に着任してからカンボジア側と相談しJICA専門家としての公式的な業務として具体的に以下の①〜④の4つの課題を設定し総括的な助言を行うこととした．これらは必要ではあるが長い内戦や平和回復後の緊急的な復興業務の中で後回しにされており，ようやく本格的な開発を行う時期となり，取り組む必要性が強く認識されてきた課題である．ただし，いずれも容易ではなく任期内にすべて完成できるものではないので，第一歩として任期内に本格的な取組みの方向を形成することを目標とした．いずれもわが国では技術行政の中心となるものであり，そのためのキャパシティビルディングと考えられる．

① 公共事業運輸省の業務に関するデータの集約／公表資料の作成
　先進国における「白書」や「統計」などの形での政府の政策や業務の実績の公表を目指したもの．適切な援助の要請や民間投資促進に不可欠．

② 総合交通計画の基本方針の策定
　国土の開発をはかる上で不可欠．さらに，民営化を進める上での指針と政府の役割を明確にするため必要．

③ 運輸交通に関する制度策定に関する助言
　市場経済のもとで民間による運輸交通サービスを実施するために不可欠．これまでは政府による独占であったため体系的な制度がなかった．

④ 運輸交通に関する技術基準に関する助言
　国際機関や先進各国が各々の基準をもとに施設整備や機材供与などを行っており，利用や維持管理さらに人材育成に支障が出ることが想定され，直ちに確立できるものではないが将来を目指した検討が必要．

以上に加え，随時必要となる助言を行うとともに，わが国や国際機関が行う技術協力に対しカンボジア政府として適切な対応ができるよう助言を行った．さらに後で述べるように，同僚の専門家の業務のサポートとくに現場技術者に対する

人材育成に協力した.

　これらについてはカンボジア側の関係者に適宜レポートを提出し協議を行い，任期終了時にとりまとめ最終報告書[7]として提出したが，JICAカンボジア事務所により印刷製本され公開されている.

　上記の4つの課題のうち①，②，③は後任者の努力やJICAの支援により時間がかかったが一応達成できた[8]．ただし④については未だ対応がなされていない．わが国が取り組んできたように，技術基準の確立はその国における技術面での自立を示すものであり，またその過程が人材育成の要である．わが国も努力してきたが，カンボジアにおいては多くの援助や投資がなされており，国によって技術面での人材育成への考えが異なることなどからくる問題点もあるのではないかと考えられる．例えば，先進国の中には自国の技術基準を現地の状況をあまり考慮せず適用することを求めたり，国によっては施設をつくることや機材を供与することに力点をおき，自国の企業が現場作業員まで本国から派遣する例もある．このような場合，事業への参加を通じて学ぶという人材育成の機会が損なわれることが懸念される.

　その他，随時必要となる助言については必要なレポート，口頭での意見交換に加えて，様々なプロジェクトにできる限りカンボジア関係者が参加しOJTが行えるよう調整を行った.

1.3.2　現場技術者に対する国際協力と人材育成

　筆者がカンボジアで勤務している時期は，カンボジアには建設関係の民間企業が十分ではなかったため，カンボジア公共事業運輸省は自ら直営で道路の小規模な建設や維持を実施することとし，そのための組織[9]を設立した．わが国はそのための機材を供与し，その機材を用いた工事とその機材の維持管理を行う政府現場技術者の人材育成とあわせて，実際の工事実施の指導のための専門家を派遣した．筆者は，この専門家の活動に協力した．以下，本項はこの専門家の1人であった元カンボジア政府派遣のJICA専門家，現在在カンボジアのPerfect Design & Consultants社技術顧問村上一夫氏との面談および資料提供をもとにしたものである.

　カンボジアにおいては，長期の内戦により多くのインフラが破壊され，不十分な維持管理により著しく破損した状態になっており，その復旧が社会経済の復興

の第一歩となる．同国にとって，技術的資金的に困難な長大橋梁や港湾などの大規模な施設の復旧・建設は国際協力により外国企業が実施したが，小規模な工事や維持管理はカンボジアが行う必要があった．

一部に優れた幹部技術者はいるものの多くの政府現場技術者は，学校における専門教育と実務における訓練が不十分であり，必要な機材があっても活用できない状況にあった．そこで，当時の専門家が政府現場技術者の人材育成を行い，緊急に必要とされる小規模な工事や維持管理を実施することとした．はじめに状態の悪い舗装の修復などから始め，現場で指導しながら工事を進めた．さらに，洪水による幹線国道の崩壊と橋梁の破損が生じたため，この復旧を訓練＝人材育成を兼ねて実施した．この結果，道路は未舗装で橋梁は仮設であったが，交通確保を行うことができた．同時に，様々な道路建設における技術を実地で修得することができた．

さらに現場では不可欠であるが，十分な教育がなされていなかった工程管理，安全管理，現場測量などについては現場技術者が基礎的な知識をもち自ら実施する必要があり，わが国の初級的なテキストを現地語に翻訳し系統的な指導を行った（図1.2）．さらに，高度な技術を学んでほしいため，わが国が協力を行っていた大規模な国道の修復事業に数名の技術者を派遣しOJTを行った．これに加えて，上記組織の機材と作業員も含めたチームとしてこの工事の実施にOJTとして投入し，わが国建設企業の技術者の指示のもとで工事実施の一部を担当した．

図1.2 クメール語に翻訳された工事安全のテキスト（出典：村上一夫氏の提供）

このような人材育成により，地方部で行われる小規模な工事や維持管理が自ら実施できるようになった．

さらにカンボジアにおいては，現在経済の成長に伴い様々な建設事業が行われている．このため現地の優良な民間建設企業が求められているが，質・量とも必ずしも未だ十分とはいえない．そこで，村上元専門家はカンボジアの技術者が起

業した企業（PDC社）の要請を受け，同社の技術者に対する人材育成を行うこととなった．PDC社は，2009年創業でカンボジア国内で建設コンサルタント業および建設業などを営んでいる[10]．

この人材育成の目的は「自分達の力で一定の品質の建設事業が行えること」であり，対象は同社の若手の大卒技術者である．カンボジアにおいては，わが国と異なりこのような若手技術者に対して，社内で十分な実務教育を行うシステムがないことが技術の質の確保において問題となっているからである．例えば，コンクリートにしても，理論は学習していても現場に合わせて具体的にどう打設するかなどは実務の中で学ぶ必要がある．こういった内容を具体的に学ぶことによりその目的が達成される．このような教材はわが国に多種あるので，それらをもとに対象の技術者に合った教育をすることとしている．

1.4 大学教育等における国際協力のための人材育成

上述のとおり，JICAにおいて対象国の人材育成を目的とした研修を行っているが，同時にわが国の人材育成として海外青年協力隊員などに対する教育訓練を行っており，大きな実績をあげている．ここでは，それ以外に国際協力に携わろうとするわが国の学生や若手の実務者に対する大学教育等における国際協力のための人材育成を考える．このような人材育成には，系統的な教育とフィールドを中心とした実践的な人材育成の体系的組合せが必要と考えられる．以下，わが国における国際協力のための大学，実務機関などにおける人材育成について述べる．

1.4.1 系統的な教育による人材育成

体系的な教育による人材育成としては大学における系統的基礎教育と実務機関における実務のための系統的な教育があるが，系統的な教育のためには確立した内容やカリキュラム，効果的な教育のための方法およびテキストが重要と考えられる．また，系統的な教育においては講義（座学）と演習（ゼミ・発表・討論および見学，実習）の組合せが一般的である．

大学における系統的教育としては以下のものが考えられる．

(1) 国際協力入門：国際協力概要，異文化コミュニケーション，海外における生活等

(2) 語学：共通に必要な英語および目的に応じた言語
(3) 共通基礎／専門基礎：情報処理，国際協力の仕組みなど，国内，海外に共通した当該分野の専門基礎
(4) 専門：分野によって異なるが当該分野の専門．なお国際協力において実践できるよう外国語による専門教育とともに国際協力にとくに必要な専門的な内容[11]
(5) 大学院教育：専門教育の中心で上記専門と同様．ただし，内容は専門により多様となる．学部における専門教育では国際協力とは関係なく，その分野において標準的に必要とされる専門教育を行い大学院で国際協力に特化した教育を行うことも少なくない．

以下にかつて筆者が所属した東洋大学の取組み事例を紹介する．

東洋大学国際地域学部では「グローバル人材」の育成を目指している．すなわち，「現場主義に立ち，国内外の地域づくりや観光振興に貢献する国際的な視野（Think Globally, Act Locally）を持った職業人」の育成である．具体的には，「語学力・コミュニケーション能力の向上」「異文化理解・日本人としてのアイデンティティの醸成」「実践的能力の育成」「専門知識の英語による習得」を行っている．これに対して，平成24年度からは，文部科学省・日本学術振興会の「グローバル人材育成推進事業 タイプB（特色型）」に採択されている．そのための国際地域学部のカリキュラムの体系[12]を図1.3に示すが，詳細については紙幅の関係から省略するが東洋大学のホームページを参照されたい．

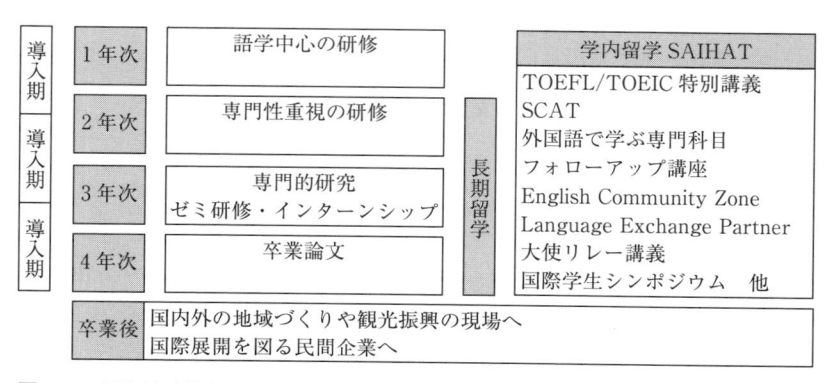

図1.3 国際地域学部でのグローバル人材へのプロセス（出典：東洋大学国際地域学部ホームページをもとに筆者作成．http://www.toyo.ac.jp/site/rds-global/program.html）

JICA のみならず，国際協力に携わる内外の多くの専門機関では実務のための研修として系統的な教育を行っている．そこでは目的をしぼって主として実務者あるいは国際協力の実務に就こうとする大学院生などに対して，国際協力における特定の実務能力の教育を行うものが多い．筆者も港湾開発に関するこのような研修に講師あるいはコーディネーターとして参加した機会があった[13]．主として国内でその分野で専門的な業務を行っている若手職員に対して，国際協力について関心を高め今後の国際協力要員を育成するためのものであり，海外の各種港湾開発プロジェクトについて担当した責任者からの講義とそれについてのゼミ形式の発表，討議および補足講義を実施した．短時間であったが，この分野における海外での実務について具体的に学ぶことができたと評価している．

系統的な教育による人材育成についての課題として，大学学部教育においては専門教育と同時にその国際協力への適用を学ぶ必要があり，限られた時間の中でいかに効率的に教育するかが求められる．これは，工学など現場での実務を目指す学科においてはとくに重要である．国際協力そのものや日本国内を対象とした工学の専門科目については多くの優れたテキストがあるが，工学において学部レベルで専門分野の国際協力を教育するためのテキストはあまりない[14]．

1.4.2 フィールドを中心とした実践的な人材育成

国際協力に限らずフィールドにおける教育の重要性はいうまでもない．理論と現場の相互のやり取りの中で教育することは工学など実務を目指す学問においては従来から認識[15]されており，大学のカリキュラムの中に取り入れられている．国際協力を目指す場合も同様であり，実践のためにはフィールドで学ぶ必要があるとともに，さらに現地の人々との交流によって得るものは大きい．図 1.3 に示したカリキュラムにはこのことが配慮されている．

筆者はかつて学部教育も担当していたが，その際夏季休暇を利用してゼミでベトナム，カンボジアにおけるスタディツアーを実施した（図 1.4）．主な内容としては以下のとおりである．

① 訪問国について知ること．とくに国際協力の観点
　現地企業や JICA 現地事務所などを訪問して現地の状況や行っている国際協力の事業について説明を受けた．
② ゼミのテーマである地域開発に関連して産業やインフラについて見学し学

図 1.4 カンボジアの農業見学（こしょう畑）（スタディツアー関係者撮影）

ぶ．
産業については主として農業を見学．インフラについては港湾，道路等交通施設について現地で詳細な説明を受けるとともに見学
③ 訪問国の学生と意見交換し交流すること
カンボジア・メコン大学，国立コンポンチャム農業大学校，ベトナム国立大学ホーチミン校などを訪問し双方から大学の特色，学んでいることや学生生活について発表し意見交換
④ 訪問国で働いている日本人を訪問し海外で働くことを学ぶ．
現地企業で働いている日本人を訪問し意見交換．また青年海外協力隊員を活動場所に訪問しその活動を見学するとともに意見交換
さらに，カンボジアの企業におけるインターンシップも実施した．
この他，現地で調査・研究を実施することも重要である．とくに，専門科目の学習や卒業論文の作成のための調査などは重要である．さらに，大学院における研究のためにフィールドを定めて長期にわたる現地調査を行うことは，国際協力に関連することをテーマにする場合不可欠であることはいうまでもない．これらにより，教室における座学などによる系統的教育と合わせて大きな成果が得られるとともに，国際協力を仕事としていくための様々な実践的な力がつく．
しかし，フィールドを中心とした実践的な人材育成を行うためには費用，時間とともに事前の準備や対象国，地域における協力を得ることが必要であり，簡単

ではないことがあげられる．さらに，研究テーマに従った現地調査などについては各分野で蓄積された方法があるとしても，フィールドを中心とした実践的な人材育成に関する確立された体系などがあるわけではない．「習うよりも慣れろ」といった側面があるとしても，これまでの試みを踏まえ教育としての体系化をいかに行うかが，効率的な人材育成のために求められている．

1.5 海外での活動を希望する実務者への期待

筆者が講演や研修において海外での活動，とくにインフラ整備の国際協力を希望する実務者への期待として以下の4点をあげる．ここでは建設関係の業務を念頭[16]においているが，他の分野にも共通することが少なくない．まだまだたくさんあるが，その中でも筆者が心がけていることである．ただし，筆者が完璧にできているわけではないことはいうまでもない．

① 現地で実際の役に立つ専門能力をもつこと

わが国が培ってきた技術についてよく理解すること．その上で，他の国々の技術を学び現地で柔軟に適用できるようにすること（土台がしっかりしていなければ評価されないが，同時に柔軟に適用できなければ役に立たない．明治初期の技術導入期における成功と失敗に学ぶ点は大きい）

② 自ら考え行動できる能力をもつこと

海外では基本的に少人数のチームで仕事をすることが多い．したがって，自分で自分のパートに必要な仕事を自ら責任者としてつくることができなければチームとしての成果が得られない．

③ コミュニケーション力をもつこと

対象国のみならず様々な国の人と仕事をすることになる．きちんと説明できる語学力と論理的な説明ができ討論できる思考力が重要

④ 現地の生活に慣れること

生活環境が異なるため，それを理解し楽しめるようになること．日本食と高度な日本式サービスがなければ生活できないというのでは仕事にならない．

海外で建設事業を行うことは，目的とするものをつくるだけではなく日本の技術を知ってもらい相手の国の技術力も高めることであり，これが次の仕事にもつながる．とくにOJTによる双方の人材育成がキーであり，それが内発的発展につ

ながるものと考えている．

　筆者は多くの人に現地で働き，学ぶ機会をもってほしいと考えている．そして，フィールドにおける成功も失敗もある経験を体系化して，次につなぐことが重要と考えている．

1.6　お わ り に

　本章での記述は主として筆者の経験に基づくものである．これは多くの方々の支援があってはじめてできたことである．カンボジアにおける専門家活動においては，カンボジア王国政府公共事業運輸省はじめ多くの方に支援をいただいたことに感謝する．さらに今回の出版に対して貴重なお話や資料を提供いただき出版にご快諾をいただいた村上一夫氏やブリッジ エーシア ジャパンに感謝の意を表したい．

　最後になったが筆者は人材の育成により，さらなる国際協力が進むことを期待している．

注と参考文献

1) 北脇秀敏，池田　誠，稲生信男，高林陽展編，東洋大学国際共生社会研究センター監修：国際開発と環境 ― アジアの内発的発展のために ―，朝倉書店，2012
2) 土木学会の会報である「土木学会誌」2013 年 8 月号に「グローバル人材が拓く土木の未来」という特集があり，14 本の特集論文と関連資料の紹介が掲載されている．本章の内容に関連するものであり企業や大学での取組み，土木技術者の実体験や意見が掲載されている．国際協力のための人材育成という観点で大変参考になる．ただし土木学会として土木工学におけるグローバル人材育成の体系的なカリキュラムを提案しているわけではない．
3) （独）国際協力機構：mundi 2014 年 1 月号　特集 日本の国際協力―共に歩んだ 60 年を参照のこと．
4) JICA 年次報告書，最新のものは「JICA 2013 ANNUAL REPORT 国際協力機構年次報告書」を参照のこと．以下の Web サイトからもダウンロードできる．
　 http://www.jica.go.jp/about/report/2013/ku57pq00001ktsgk-att/all.pdf
5) ブリッジ エーシア ジャパンの方のお話および BAJ「BAJ 通信 No.110」(2013) および BAJ「未来への提言～ブリッジ エーシア ジャパン 20 年の経験から～」(2013) をもとにした．
6) 例えば JICA 専門家（技術移転型）については以下の Web サイトを参照のこと

http://partner.jica.go.jp/resource/1340797417000/shigoto/job/job_1.html
7) 筆者が作成した最終報告書は AKIRA KANEKO：A PROPOSAL FOR TRANSPORTATION IN CAMBODIA, 1998. である．
8) 例えば年報については，以下の資料が作成されカンボジア公共事業運輸省により公表されている．最新のものは
Infrastructure and Regional Integration Technical Working Group（IRITWG）: Overview on Transport Infrastructure Sectors in the Kingdom of Cambodia（4th Edition）2012
9) 英語名 Road Construction Center, 略称 RCC
10) PDC 社は定款によれば次の業務を行うこととなっている．土木建築工事の調査・測量，計画立案，設計業，土木および建築工事業，機械設備工事，水道配管工事，電気配線工事等の各工事業，内装設計および内装改装工事業，通信用および送電用鉄塔建設工事業，工事完了後の保守管理業，事業用地確保支援業，事業用地調査及び土質調査業，インフラストラクチャ情報提供サービス業，上記に関連する一切の業務．
11) 国際協力においてはわが国と異なる条件で専門的業務を行うこととなる．建設部門でいえば制度の違い，自然条件，利用状況が異なる，資材や作業者の経験の違い，維持・管理の相違などがある．これらを理解して求められる品質の建造物を建設することとなる．このような課題に対して基礎的な専門教育に加えてどのように体系的に教育するかが重要であるがまだ解が示されている状況ではない．このための試みの1つとしてテキストを作成した．下記文献 13）参照）
12) 詳細については東洋大学国際地域学部の以下の Web サイトを参照されたい．
http://www.toyo.ac.jp/site/rds-global/program.html
13) 金子 彰：JICA 専門家の経験と人材育成（港湾学術交流会年報 No.47），pp.46-50，港湾学術交流会，2013 および（一財）国際臨海開発研究センター（OCDI）主催平成 24 年度，25 年度国際人材育成研修における講義等．
14) このため筆者らは実際の JICA 調査プロジェクトをもとに国際協力に関連する具体的に説明した以下のテキストを作成した．
藤野陽三，赤塚雄三，金子 彰，堀田昌英，山村直史：海外インフラプロジェクトの形成，鹿島出版会，2012
15) とくにフィールドでの適用を教育の目的とする建設系の工学においては講義，演習・設計，実験とともにフィールドにおける実践教育を必須としている．かなり以前から測量や現場での試験に加え建設現場などのインターンシップが大学のカリキュラムに組み込まれている．上記文献 2）にあるように海外におけるインターンシップは有益と考える．
16) 2013年6月に筆者が講師を務めた海上 GPS 利用促進機構講演の資料をもとにした．

2. BOPビジネスと内発的発展

2.1 BOPビジネスの歴史

2.1.1 BOPビジネスの起源

「BOPビジネス」という言葉を耳にしたことがあるだろうか．所得階層を構成する経済ピラミッドの下層（年間所得が3,000＄以下）をBase of the Pyramidと呼び，世界人口の約40億人の貧困層をターゲットとして行うビジネスの総称である．このBOPビジネスの概念は，『*The Fortune at the Bottom of the Pyramid*』の著者である故C.K.プラハラード（Prahalad）が提唱してきた[1]．プラハラードは世界の貧困問題等を「ビジネス」という枠組を用いて解決することを提唱し，現在の研究者や民間企業，NGOなどの活動に深い影響を与えてきた．

さらにプラハラードの同僚であるスチュアート.L.ハート（Stuart L. Hart）とテッド・ロンドン（Ted London）の著書 *Next Generation Business Strategies for the Base of the Pyramid, Next Approaches for Building Mutual Value* も『BOPビジネス―市場共創の戦略』として和訳出版されている[2]．海外の研究者だけでなく，日本国内でも日本貿易振興機構（JETRO：Japan External Trade Organization）の佐藤 寛は，開発途上国の生活状況実態調査を踏まえ，潜在ニーズに関する研究を『アフリカBOPビジネス ― 市場の実態を見る』と題して刊行しているように[3]，BOPビジネスが注目を浴びていることが窺える．

これらの先達から筆者も影響を受けた一人であるが，初めは貧困層をBOPと呼称したり，BOP層に「援助」ではなく「ビジネス」という資金を支出させてまで問題解決を図る手法に，こころもちネガティブなイメージを抱いたことを覚えている．ところが，BOPビジネスを学ぶことで，民間企業の途上国ビジネスが現地の問題を解決し「Win-Win」の関係を構築する手法は，持続可能な問題解決手

段の1つである．

　現在，開発途上国で様々なBOPビジネスが実施されてきている．従来の一般的なビジネスは，所得が一定の水準以上あるTOP（Top of the Pyramid，年間所得2万＄以上）層やMOP（Middle of the Pyramid）層が対象とされ，所得が低く，支払い可能額が少ないBOP層は対象外におかれていた．BOP層へは，無償を中心とした開発や募金活動等による援助，ボランティアやCSR（Corporate Social Responsibility）活動などにより，対象者には一時的な援助が実施されてきたが，民間企業がBOP層に対するビジネスを通して利益を上げることや，継続的・持続的な対策はされてこなかった．しかし，ビジネスという枠組でBOP層を捉えると，マーケットとして大きなボリュームゾーンであることから，利益を上げ持続可能な開発問題解決の手法となるのではないだろうか．これは，開発途上国の課題解決を目指す新たなアプローチである．

　ひるがえって，この新たなアプローチを実施する際，BOP層はTOPやMOP層のように資金が少なく支払い可能額が低いことから，真の需要を見極めることが迫られる．さらにBOPビジネスを実施する我々は，現地の文化や習慣を把握し，経済的妥当性，収入向上システムなどのビジネスモデルを構築し，BOP層が受け身にならず，自ら購入・使用をしてもらうこと（内発的な行動）を喚起せねばならない．本章では，様々なBOPビジネスがある中で，筆者の専門である「水供給と衛生分野」に焦点をおき，BOPビジネスと内発的発展について，バングラデシュ人民共和国とカンボジア王国での調査事例を紹介しながら論述する．

2.1.2　国際協力機構におけるBOPビジネス

　バングラデシュとカンボジアの事例を挙げる前に，日本におけるBOPビジネスの事業形態について記載する．民間のみでBOPビジネスを実施している企業もあると思われるが，国際協力機構（以下JICA）が民間企業と連携し，ミレニアム開発目標をはじめ，開発途上国の課題改善に寄与しうるBOPビジネスに対し，協力準備調査（BOPビジネス連携促進）を実施している．これまでJICAに採択された案件数は83件あり，6回の公示採択案件をインターネット上で確認することができる（http://www.jica.go.jp/activities/schemes/priv_partner/BOP/index.html，2014年3月24日現在）．これまでの採択案件を地域別に集計すると，アジアが54件（全採択案件の65％），北米0件，中南米3件（3.6％），欧州（NIS

諸国を含む）1件（1%），大洋州1件（1%），中東0件，アフリカ24件（28.9%）であることがわかる（図2.1参照）．毎公示分のJICAへ応募した企業数，BOPビジネスの対象国は明らかではないが，アジアとアフリカのBOPビジネス調査への採択が多い．

2014年3月公示分のJICAにおけるBOPビジネスの採択結果をみると，農業，保健医療（衛生・栄養），エネルギー，教育，金融分野から，24都道府県116法人（延べ127法人）から58件の事業提案があり，10件の調査案件が採択されている．さらに対象地域としては，東南アジア（41%），アフリカ（29%），南アジア（26%），大洋州，南米を対象とする応募があり，アフリカ地域を中心に採択さ

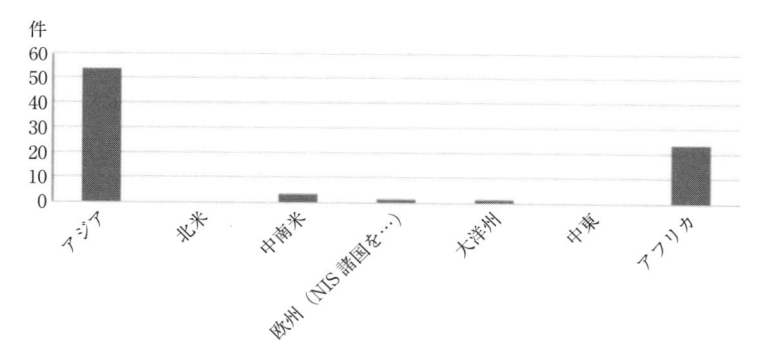

図2.1 JICAにおけるBOPビジネスの地域別採択数（2014年3月現在）（BOP採択一覧表から筆者作成）

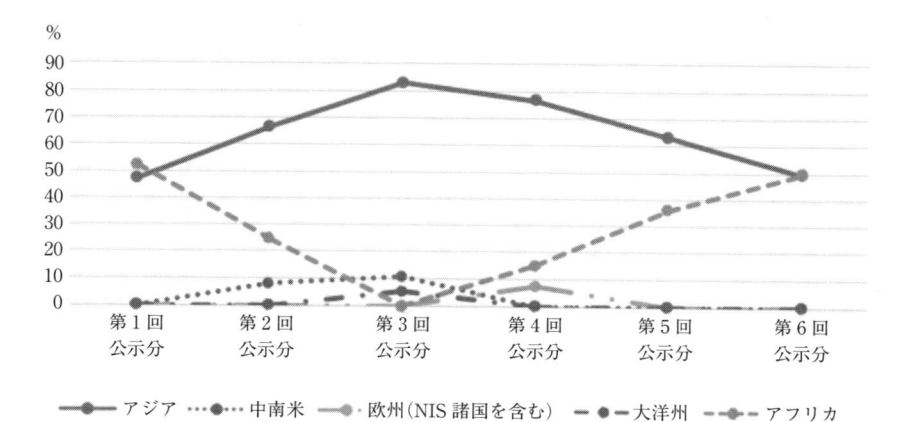

図2.2 JICAにおけるBOPビジネス地域別毎公示分採択率の推移（採択一覧表から筆者作成）

れている（採択案件10件中5件はアフリカである）[4]．アフリカの採択件数の割合を毎公示ごとに示すと図2.2のように示すことができ，アジア地域と異なり，アフリカへの採択率が高くなっている．この傾向は，日本の開発途上国への支援がアフリカへ向いていることが一つの理由として考えられ，その背景には，第5回アフリカ開発会議（TICAD5）において，わが国の内閣総理大臣安倍晋三がアフリカに対し今後5年間で官民合わせて約3.2兆円（320億$）の支援を表明したためと考えられる．今後アフリカへの支援や開発，民間企業の進出，学術面からの研究など一層強く実施されるであろう．

いままでに採択された案件を挙げると，栄養失調者の改善，媒介生物駆除（vector control），安全な水供給を目指す案件などがあり，保健医療や教育分野，農業等に関する，以下に示す民間企業主体のBOPビジネス事業化支援をJICAが行っていることがわかる．

- 味の素株式会社：ガーナ「離乳期栄養強化食品事業化S/F」
- 住友化学株式会社：ケニア「防虫関連製品の貧困層向けビジネスモデル構築のための準備調査（BOPビジネス連携促進）」
- 株式会社公文教育研究会，株式会社コーエイ総合研究所：バングラデシュ「NGOとの連携による教育の質向上事業準備調査（BOPビジネス連携促進）」

東洋大学が擁する本センターにおいても，2013年からサラヤ株式会社およびオリジナル設計株式会社と共同して，カンボジアにおける衛生環境向上を目指す商品の普及に向けたBOPビジネス調査を実施している．さらに，筆者は2011年よりオリジナル設計株式会社，岩崎電気株式会社とともにバングラデシュにおける「安全な水供給のためのBOPビジネス事業準備調査」にも参画している．上記の案件はBOPビジネスの一部であり，わが国におけるJICA，民間企業，大学機関などが一団となって，様々な開発課題に取り組んでいるのである．

2.1.3 BOPビジネスと適正技術

BOPビジネスを実施するにあたり，筆者は国際連合（United Nations；UN）で述べられている適正技術の4要件が重要であると考えている（図2.3）．その4要件とは，Technical viable（現地で入手可能で，運転維持管理が可能な技術），Economically feasible（顧客が支払い可能なもの），Culturally accepted（現地の文化や習慣に適したもの），Environmentally sound（環境に良いもの）である．

つまり，開発途上国で低所得者向けのビジネスを行う際に，技術や経済面といったものだけに注目しがちであるが，文化や習慣，また環境面に配慮したものでなければならない．

わが国の民間企業がとくに BOP ビジネスを始める際，一番懸念する点は経済面，つまり価格設定の問題であろう．自社の BOP 層にとって高価な製品を現地へもっていっても普及しないという考えが定着している．しかし，

図 2.3 適正技術の 4 要件

これは誤りであり，適正技術＝低価格の技術という方程式は成り立たない．もちろん，安価な技術や製品であれば，BOP 層に受け入れやすいのは事実であるが，高価な商品や技術でも可能性はあるはずだ．日本の技術のように高価な技術であっても，その技術を使用する人（被益者または支払いする人）が多ければ多いほど，採算が取れる可能性がある．そのため，一概に高価なものは不適切とはいえない．例えば，人口密集地のような地域においては，水道設備のように初期投資に費用がかかる高度な技術であっても，使用者が多いため現金回収が可能となり現地で普及している実例がある．また，村落部においても製品を数世帯でシェアして利用することにより，1 世帯当りの負担額を下げることができる．そのため，民間企業が自社の製品が高価であるからといって，開発途上国へもっていかないと決めつけることは大きな誤解である．

しかし，高度な技術を必要とする製品の運転維持管理には，現地の人々を教育することが必要であり，故障などに対応するサプライチェーンを確保することが欠かせない．このような対策を取っていなければ，持続可能な運転維持管理を実施できず適正技術（technical viable）とはいえないため，BOP ビジネスの持続可能性は見込めないであろう．

次に，重要な点は culturally accepted である．民間企業がもつ技術や商品が現地の文化や習慣に受け入れられるのか否かという問題である．この課題は，現地に精通していない民間企業にとって理解することは困難であり，現地の文化や習慣等に現地人の協力が必要となる．culturally accepted を無視して，自社の製品

をただもっていくだけでは失敗する可能性は高い．例えば，宗教により，階層社会があったり豚肉やアルコールの成分が入ったものを口に入れたりできない地域がある．そのため，自社の製品購入を促すデモンストレーションの段階において，使用を断られる状況さえ出てくる．このような事態を回避するためにも，事前に現地文化や習慣を知る必要があるのだ．

2.2 バングラデシュ人民共和国における BOP ビジネス

2.2.1 バングラデシュ人民共和国

　バングラデシュでは，マイクロファイナンスで有名な BRAC（Bangladesh Rural Advancement Committee）という世界最大規模の NGO が拠点をおき，低所得者である貧困層の社会的・経済的な改善課題解決のため活動しており，低所得者に対するビジネスの成功実績をもつ．

　バングラデシュはベンガル湾に位置し，インド共和国とミャンマー連邦共和国境に接しており，首都はダッカである．総人口は約 1 億 5,250 万人（2014 年 3 月現在）[5]，その人口の約 40% が 1 日 1.25 \$ 未満で生活をしていると推定される[6]．面積は 14 万 4,000 km^2 であり，北海道と四国，九州の面積を足し合わせた面積にほぼ匹敵し，その面積の中に日本より多い人々が暮らしている．人口密集率が非常に高いことから，BOP ビジネス市場として魅力的な国である．現地ではベンガル語を母国語とし，識字率が 56.8% とされ，さらに宗教割合はイスラム教徒が 89.7%，ヒンドゥー教徒 9.2%，仏教徒 0.3%，キリスト教徒 0.3% とされている[4]．主要産業としては，衣料品・縫製品産業・農業であり，昨今では衣料品の有名ブランドである「ユニクロ」が日本国内へバングラデシュ産の衣料品を輸入し，首都ダッカに支店を開き販売を行っている．これはソーシャルビジネスの一環として実施されてきており，このようなビジネス環境で日本企業が BOP ビジネスやソーシャルビジネスを日々奮闘しながら実施している．

2.2.2 バングラデシュにおける習慣と日本製品の適応

　バングラデシュ国に対する JICA/BOP ビジネスは，これまでに 12 件が採択されており，そのうちの 3 件が水供給を目指した案件である．バングラデシュの都市部では，水道の漏水や盗水，不衛生な貯水槽により各世帯に供給される水が病

原性微生物に汚染されていることがある．都市スラムにおける地域においても，不衛生な環境によって罹患する下痢疾病による脱水症状の改善のために安全な水が急務である．一方，バングラデシュ村落部では，水道は普及していないため地下水や雨水，河川水を主に生活用水として利用している．しかし，地下水も自然由来のヒ素に汚染されていることがあり，未処理のままでは飲料として適してはいない．さらに，雨水利用は屋根に落ちる鳥などのし尿汚染や，それを貯めるための衛生的な雨水タンクの欠如により未処理のままでは使用できず，河川も牛や洗濯物の洗い場として使用されているため，持続的で安全な水供給が都市部と同様に必要である．

それらの改善問題の解決を目指し，以下の3件のBOPビジネスが実施されてきている．株式会社天水研究所らは，現地において雨水の貯水に用いられる雨水タンクを改良し，汚染がない安全な貯水環境を目指している．さらにオリジナル設計株式会社らは，病原性微生物を含む水に対し，紫外線照射機を用いて微生物の不活化を行い，安全な水供給を目指している．さらに日本ベーシック株式会社らも，自転車とろ過機が一体型になった自転車搭載型浄水器を用いて，安全な水供給事業を実施している．

- 株式会社天水研究所，株式会社パデコ：「マイクロクレジットシステムを取り入れた雨水タンク事業準備調査（BOPビジネス連携促進）」
- オリジナル設計株式会社，岩崎電気株式会社：「安全な水供給のためのBOPビジネス事業準備調査（BOPビジネス連携促進）」
- 日本ベーシック株式会社，八千代エンジニアリング株式会社：「自転車搭載型浄水器を活用した水事業準備調査（BOPビジネス連携促進）」

安全な水供給を目指すためには，都市部と村落部では使用する水源，供給地域のインフラ設備などが異なり，各地域や水源によって処理方法も異なるが，日本の民間企業がもつ様々な技術と水処理商品で問題解決ができる．しかし，技術や製品があってもその現地への適応方法が異なると，普及に至るまでに失敗する可能性は高い．

実際筆者も塩素剤を普及させようと研究を行ったが，少なからず失敗した経験がある．塩素剤（現地では次亜塩素酸カルシウムが入手可能であった）は，病原性微生物に汚染された水を消毒し，安全に水を貯水・飲用するために適切なものである．日本国内の水道水には遊離残留塩素を0.1 mg/L以上保持することが義

務となっているため，塩素の臭いや味というものに我々は慣れているのでことさら気に留めないと思われる．しかし，現地では塩素を含む飲料水に慣れていないため，塩素臭や味を嫌忌し，デモンストレーションの段階でつまずいたことがある．これは適正技術の4要件の一つである culturally accepted に対する理解と配慮が不十分であったからである．

さらに，膜ろ過や電気を使用する浄化装置も現地でデモンストレーションを行ったことがある．前者は持続的にろ過を行うために定期的な交換が必要となってくる．とくに逆浸透膜など目が細かい膜は，目詰まりを起こしているにもかかわらず交換費用を少しでも少なくするために交換を怠り，機械そのものを壊してしまう事例も確認されている．その上，壊れてもサプライチェーンがなかったために，現状のまま放置されてしまうケースも多々ある．また，後者は電気が普及している地域，もしくはバッテリーや発電機を使用しなければならない（図2.4）という前提条件が発生し，製品コストに加えて電気使用料金がかかってしまう．そのため，BOP層には，好感をもってもらうことが困難であった．現地では同様の製品が中国製で販売されており，耐久性や持続性は日本製のものより劣るものの，現地では安価で購入することができ，それは TOP 以外の層で受け入れやすいことが確認されている．つまり，BOP層には初期投資額が少ないものが好まれることから，本調査で実施したモノは適正技術の technical viable, economically feasible ではなかったといえる．

図2.4 村落部におけるバッテリー使用風景

このように新しい技術や商品を導入することにより様々な問題も出てくるため，内発的，つまり BOP ビジネスの対象者である住民自身が望んで購入・使用するように導く必要がある．そのためには上記のような失敗事例や現地顧客からのクレームをなるべく多く集め，それを迅速に改善し，現地に適応させることが普及に近づくのではないだろうか．

2.3 カンボジア王国における BOP ビジネス

2.3.1 カンボジア王国

カンボジア王国（以下，カンボジア）もバングラデシュと同様に大変魅力的な国である．なぜなら，カンボジアはタイ，ラオス，ベトナムと国境を接しており，国の周辺地域に大きなマーケットが存在する．カンボジアの面積は日本の約半分程度の 18.1 万 km^2，人口が約 1,400 万人（2013 年政府統計）とされ，国内でのビジネス市場規模としては，やや小さいと思われる．主要産業としては，農業が中心となっており縫製業，観光業も盛んに行われている．

カンボジアもバングラデシュと同様に地下水ヒ素汚染の問題を抱えているが，都市部での水道普及率や安全性については，日本の北九州市水道局による支援でほぼ改善されている．しかし，全体を見ると，水系感染症や不衛生な環境等々の原因による 5 歳未満児の死亡率が未だに高いことが問題となっている．U5MR（出生 1,000 人当りの死亡数）は 40 とされ，世界ランクでは 62 位であった．ちなみに近隣国のタイは 125 位，ベトナム 83 位，ラオス 36 位である（日本 185 位，1 位はシエラレオネとなっている）[7]．これらの数値を削減させるためには，子供に対する予防接種や定期健康診断，医療施設の向上，日常における衛生的な環境などを提供することや，医療に対する支払い可能額を増加させるためにも収入向上を目指す必要がある．そのため，カンボジア国内においても開発課題の解決を目指した様々な BOP ビジネスが実施されてきている．

2.3.2 カンボジアにおける習慣と日本製品の適応

カンボジアにおける BOP ビジネスはこれまでに 5 件が採択されており，そのうち 2 件は水衛生分野における案件である．その 2 件にあたる，輝水工業株式会社は「命の水プロジェクト」と題し，農村部における安全な水供給を目指しており，サラヤ株式会社らは自社の石けんやアルコールを用いた手指消毒を普及させ衛生環境の向上に努めている．

- 輝水工業株式会社：「農村部における生活用水給水システム事業準備調査（BOP ビジネス連携促進）」
- サラヤ株式会社，オリジナル設計株式会社，学校法人東洋大学：「カンボジア王国にお

ける殺菌剤入り石けん液等の普及による衛生状況の向上のための BOP ビジネス事業準備調査」

カンボジア村落部での水衛生分野の調査を実施した際，前節に記載したバングラデシュと同様に，生活用水がヒ素や病原性微生物に汚染されていることが明らかになっている．カンボジアでは主にピエンと呼ばれる雨水タンク（図2.5）が普及しており，ほぼ全世帯でピエンに水を貯め，日常的に使用されている．その溜め水の水源は主に雨期の場合は雨水，乾期の場合は雨期に貯めた雨水や河川水，地下水など様々な水使用形態が存在している．

図 2.5 従来使用されている雨水タンク（ピエン）

しかし，すべての世帯において，ピエンの蓋がなかったりゴミや虫が混入していたりする現状があり，水の貯水環境が芳しくない．この調査対象村においてピエンに含まれる水の水質を調査した結果，大腸菌が検出された．そのため，バングラデシュでも同様に塩素剤の使用および普及を検討したが，カンボジア村落部での飲用方法は，ほぼ全世帯で煮沸を行い，お茶として飲用しているという習慣があり，需要がないことが明らかになった．お茶の飲用は病原性微生物を懸念して行っていたかと思っていたが，ヒアリングでは習慣に根付いた飲用方法であるという回答があり，病原性微生物を殺菌することに関して理解を示していなかった．さらに，煮沸消毒を行い飲用としていることから，病原性微生物は死滅し安全な水供給ができているため，塩素剤への支払い意思が確認できなかった．

ところが，現地住民は，ピエンに混入している虫やゴミといった視覚的に見えるモノの除去に対する意識はあり，予防として蓋や新しいピエンがほしいとの意見が多かった．つまり，病原性微生物のような目では見えないものよりも，視覚的に明らかになるものに対する支払い意思は高くなり，バングラデシュであげた塩素の事例からも臭覚，味覚などの五感に与えるインパクトは非常に強力であることがわかる．

この住民の意識に関心を払い，BOP ビジネスを推進しているサラヤ株式会社は，自社の手洗いチェッカーやキッコーマン株式会社から出ているルミテスター

PD-30を用いて，視覚的に手指の汚れ具合を現地住民に理解させ，衛生教育を通して手洗い石けんなどの販売促進につなげている．サラヤの事例は，視覚効果が与える現地住民の行動変容を，日本企業の技術に適応させた企業の販売手法のテクニックであるともいえる．

2.4 内発的発展を目指したBOPビジネスの展望

これまでバングラデシュとカンボジアの水衛生分野に関する現地住民の意識等について論述してきた．文化や習慣に適合した改善課題の商品普及が急務であるが，事前調査の実施や現地文化等に精通しているカウンターパートから情報を貰い，現地でともにBOPビジネスを行い，現地に適切なビジネス形態を取ることが重要である．さらに，適正な価格設定や五感を刺激するようなデモンストレーションも必須である．ビジネスの相手である顧客，BOP層が受け身にならず，自ら日本の商品に対して支払い意思をもち，改善課題の解決をさせるような，「Win-Win」を用いたBOPビジネスモデルが必要ではないだろうか．もちろん，民間企業の製品が売れ，企業と顧客の関係で「Win-Win」で問題解決をしていくことに意義があるが，これを企業と現地販売促進者と顧客の販売スキームをつくり，「Win-Win-Win」の関係をつくることにより，現地で継続的に運転維持できるのだと考える．つまり，現地販売促進者を設けることにより，新たな雇用を生み収入向上を図ると同時に，販売促進者と顧客は現地人同士ということもあり，商品を客観的に評価し，企業側にフィードバックすることにより新しい商品の開発につながる．これによって生み出された新たな雇用は，民間企業にとって負担になるが，バングラデシュの事例のようなクレーム収集やサプライチェーンの保管場所の確保と考えれば，販売促進者の確保がBOPビジネスを成功に近づけることにつながると思われる．さらに，JICAのBOPビジネスを実施するためのプロポーザル内に，新たな雇用機会の可能性について記載する箇所があることは見逃せない点である．

新たな雇用での成功例として，日本ポリグル株式会社がバングラデシュで実施しているポリグルレディがあげられる．ポリグルレディは，月の収入額が3,000円程度（営業実績によりインセンティブもあると聞いている）とされ，水浄化剤を販売して回る．彼女らは切磋琢磨しながら販売営業を実施し，従事者の収入向

上，現地の飲料水問題改善による下痢等の疾病の減少など，最終的には開発改善課題の解決につながっている．

以上のことより，現地住民の収入向上（Win-Win-Win）を含んだビジネスモデルの構築や，適正技術を用いた商品の普及と適応化がBOPビジネスを成功へ導くために決定的なことである．さらに，水衛生分野では，衛生教育を通して商品を現地住民に理解してもらい持続的に使用してもらうために適当な価格を設定し，競合商品との優位性のアピールが欠かせない．

日本の民間企業の技術や製品は，けっして他国に劣らないものであり，これは世界各国で評価されていることである．その技術を用いてBOPビジネスを実施し，開発途上国の問題解決のために活用できることは，国際貢献という意味でも素晴らしいことである．そのため，BOPビジネス成功のために失敗事例を学び，適正技術と内発的発展を用いて，現地住民が受け身にならないビジネススキームが求められる．

参 考 文 献

1) C.K. プラハラード（スカイライトコンサルティング株式会社訳）：ネクスト・マーケット「貧困層」を「顧客」に変える次世代ビジネス戦略，英治出版，2005
2) Ted London, Stuart L. Hart（清川幸美訳）：BOPビジネス―市場共創の戦略，英治出版，2011
3) 佐藤 寛：アフリカBOPビジネス―市場の実態を見る，ジェトロ（日本貿易振興機構），2010
4) JICAウェブサイト：http://www.jica.go.jp/press/2013/20140313_01.html（2014年4月現在）
5) 外務省ウェブサイト：http://www.mofa.go.jp/mofaj/（2014年3月）
6) General Economics Division (GED), Bangladesh Planning Commission, Government of the People's Republic of Bangladish June 2013, Millennium Development Goals, Bangladesh Progress Report 2012
7) Committing to Child Survival: A Promise Renewed, Progress Report 2013, UNICEF, League table of under-five mortality rates, 2012

3. 防災と内発性
―「内発的発展のための防災」と「防災活動における内発性」という二つの視点から―

3.1 はじめに

　「外生的要因による発展」に代わってその考え方が注目さるようになった「内発的発展」とは，概念が提示された初期の段階では，発展方法において「先発後発を問わずに，相互に，対等に，活発に，手本交換が行われる多系発展と多様性に富む社会変化」を範とし，地域の自然生態系の固有性や文化遺産・伝統に基づくこと，地域住民が地域社会を自律的・主体的に創造・変革することによる開発が重視されるというものであった．

　その後，「内発的発展」は，様々な学問的立場から研究されてきているが，いずれにしてもその出発点は国家や大企業に依存した形の外生的要因による発展，つまり外来型開発に対する反省であり，その基本的な考え方は地元主導の地域づくり，産業開発，人間開発，社会開発であり，地域住民が地域の社会・経済システムを主体的に構築・管理することを目指すことが基本とされるものと考えてよい．

　本章で取り上げる「防災」（英語では，一般的な訳語として disaster risk management あるいは disaster management が使われる）分野では，これまで，内発的発展あるいは内発性という文脈において地域やコミュニティの防災を議論した例は見受けられない．そこで，本章では読者が自然災害の専門家ではないことを前提として，「自然災害と防災」についての基礎的事項を概観した上で，「地域の内発的発展のための防災」と「防災における内発性」という二つの視点から議論を試みる．

3.2 自然災害と防災

防災と内発性の議論に入る前に，なぜ防災が話題になるのか，防災とはどういうものか，といった基本的な事柄について整理しておく．

3.2.1 なぜ防災が話題になるのか

a. 防災が話題になる理由 1：自然災害の頻度や規模が増加している．

スマトラ沖地震・インド洋大津波災害（死者・行方不明者約 22 万 8 千人），ハイチ地震（同約 22 万 2 千人），サイクロン・ナルギス災害（同約 13 万 3 千人）をはじめ，死者 1 万人以上を記録した自然災害は，21 世紀以降 7 件発生している．これは，単純に考えても 1 年おきに世界のどこかで死者・行方不明者 1 万人を越すような大きな自然災害が起きているということである．世界の各地で多く発生している小規模な自然災害を含めると，自然災害の数は膨大であり，各種の報告によれば，その数は近年増加傾向にあるとされている．

それでは，なぜ，自然災害が増加傾向にあるのだろうか．

「災害対策基本法」は，災害を「暴風，竜巻，豪雨，豪雪，洪水，高潮，地震，津波，噴火その他の異常な自然現象又は大規模な火事若しくは爆発その他その及ぼす被害の程度においてこれらに類する政令で定める原因により生ずる被害をいう」と定義している．つまり，異常な現象が人の生活に何らかの被害を及ぼすときを災害といい，異常な現象が起きたとしても人の生活に影響がない場合には災害とならない．災害は異常な現象と人の生活という社会状況の二つの関係によって規定され，その様相が変わるのである．

このような災害の定義から考えると，自然災害が増えるのには二つの理由がある．一つ目は，社会状況が不変であっても異常な自然現象が増加することである．二つ目は，自然現象が不変であっても社会状況の変化により，自然災害が起こりやすい地域に人が移り住み，資産が形成されるようになったことである．

では，異常な自然現象は増加しているのであろうか．

近年，地球温暖化に起因する地球規模の気候変動の影響により，降雨や渇水の異常事象が極端になる傾向があるといわれている．また，日本の観測事例では，短時間に強い雨が降る回数は年々増加傾向にある．このような異常な自然現象の

増加が災害を増加させている一因であることが推測できる.

それでは,もう一つの社会状況の変化はどうであろうか.

人は,わざわざ災害にあいやすい場所に住むことはしない.そのため,人口が少なく,土地に余裕があるうちは,洪水になりやすい低地や地すべりや崖崩れのおそれのある土地に人は生活の基盤を立てることはない.したがって,都市内部やその周縁部では,居住に適した土地は,すでに居住地として利用されていることから,地方から都市への人口流入が進み都市が拡大していくにつれて,これまで居住不適地とされていた,災害にあいやすい土地にも人が住みつき,今まで災害とはならなかった土地で災害が発生することになる.

このように,自然と社会の変化が相まって,災害の件数が増加しているものと思われるが,加えて,情報網の発達が災害を増やしているともいわれている.通信手段が整備されたことで,これまで災害の情報が伝わらなかった地域からも情報が伝わるようになり,認知される災害が増えたのである.

b. 防災が話題になる理由 2:災害が開発を阻害する.

災害が開発や経済成長の阻害要因であることが,防災が話題になる二つ目の理由である.

自然災害の発生件数を地域別にみると,途上国が多いアジア地域に多く発生している.災害による死者数は,途上国において圧倒的に多く,例えば洪水による死者の 90％はアジア地域で発生している.多くの場合,途上国では災害対策が貧弱であり,いったん災害が発生すると壊滅的な被害になり,被災による経済的なインパクトは非常に大きい.先進国の場合,災害による損失が保険により補償されている場合もあるが,途上国では保険によるリスクシェアも進んでいない.前述のように災害による死者の多くが途上国で発生していることを考えると,途上国の場合,成長を支える生産手段としての人的資源と資産の両方を同時に失うことになる.災害対策施設が少なく災害の頻度も高いことから,災害が

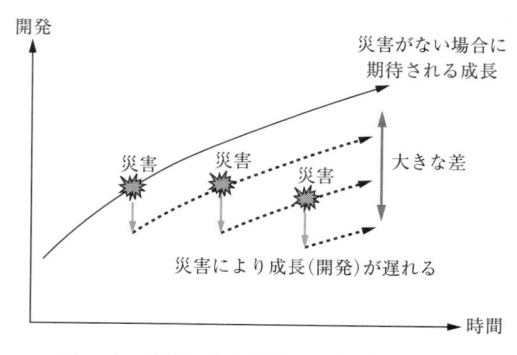

図 3.1 災害による開発の阻害（イメージ）

ない場合に期待される成長との間に大きな差が生じてしまうことになる（図3.1）.

自然災害の影響は，基本的には災害が発生した地域に限定される．阪神・淡路大震災のような場合でも，その影響はほぼ阪神地域に限られていたし，インド洋大津波災害の場合でも，経済的被害が被災地域の GDP の1年分に相当したといわれるが，国全体への影響はほとんど見られなかった．しかし，とくに大規模な災害では，その影響は国や地域全体の経済に及び，その国の経済成長を停滞させることもある．例えば，2011年に発生した東日本大震災では，被災地のみならず一国全体の経済活動を押し下げるほどの広範囲な影響をもたらしたことが日本の内閣府の調査により指摘されている．

c. 防災が話題になる理由3：災害の影響がグローバル化している．

前述のように，災害のインパクトは，基本的には災害が発生した地域や国に限定されるが，被災地域の特性によっては災害の影響が，ときには世界経済にも及ぶ．例えば，自動車生産や IT 機器の生産など，工業生産の国際分業が進んでいるような分野では，特定地域での災害が結果として世界規模で影響をする．東日本大震災の場合，東北地方に立地していた部品工場が操業停止に追い込まれ重要部品の供給が滞り，その結果として途上国で行っている自動車などの最終組立てができなくなり，最終製品の生産に支障をきたした．同様の影響は，2011年のタイ洪水でも確認されている．

もはや，災害は一部地域の問題ではなくグローバルな影響をもつ問題であり，各国における防災が重要になってきている．

3.2.2 開発イシューとしての防災

開発途上国における自然災害による壊滅的な被害，度重なる災害は，開発を阻害し，貧困を加速させる負のサイクルを招く（図3.2）.

この結果，災害常襲地域で貧困にあえぐ若者などがテロ組織などへの人材供給源になっているともいわれ，災害が世界的な社会不安の遠因とされている．そのため，災害を未然に防ぎ，開発を促進していくことが国際的な課題となっている．

災害には開発を阻害し貧困を加速させる側面があるが，一方，開発には災害を増大させるという側面もある．前述のように，都市の開発による居住不適地の市街化やタイの工業団地の洪水災害の事例にも見られるように，都市域の拡大や産

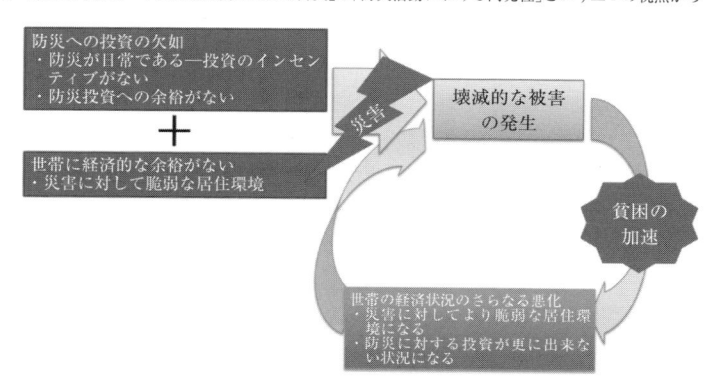

図 3.2　災害による負のサイクル

業の立地（開発）が新たな災害を生み出しており，このようなことが開発の側面から見て防災が課題となる理由である．

3.2.3　防災とは何か

「災害対策基本法」では，防災とは「災害を未然に防止し，災害が発生した場合における被害の拡大を防ぎ，及び災害の復旧を図ることをいう」とされている．防災という単語の感覚からすると，災害の防止や被害の拡大を防ぐことのみに捉えがちであるが，災害からの復旧も防災の範疇である．海外でも，防災を図 3.3 に示すようなサイク

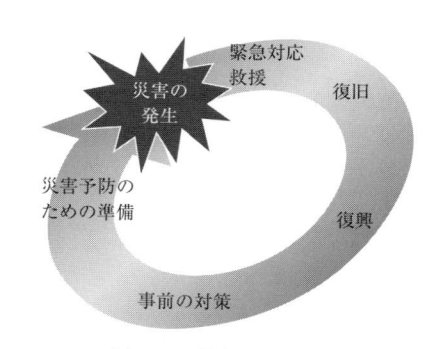

図 3.3　災害のサイクル

ルとして捉え，「事前の対策〜復旧・復興〜事前の対策」という途切れのないプロセスとして扱っている．

また，防災（災害対策）の効果は，「事前に対策を行うことで災害インパクトを減らす」ことと，「災害からの回復力を高めより早く復興する」という二つに集約される（図 3.4）．

「災害インパクトを減少させる」ということは，その地域に存在する災害によるリスクを減らすことに他ならない．災害リスクの低減の理解に用いられるのが，

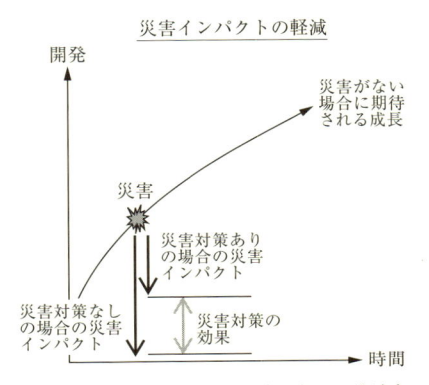

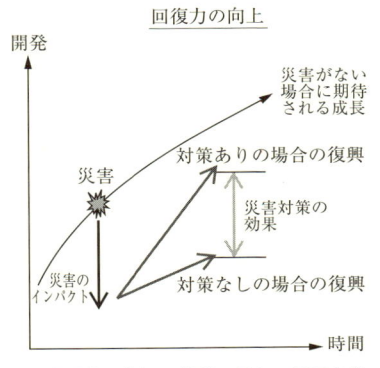

図 3.4 災害対策による災害インパクトの軽減と災害からの回復力の増大（イメージ）

次の概念式である．

$$R = \frac{H \times V}{C} \tag{3.1}$$

この式は，災害リスク（R：Risk）は，災害外力（H：Hazard）と地域の脆弱性（V：Vulnerability），それに災害対応能力（C：Capacity）で決まるということを示している．リスクを小さくするためには，地域に降りかかる災害の力を極力少なくし（H→小さく），地域の災害に対する脆弱性を克服する（V→小さく）とともに，災害に対応する能力の底上げ（C→大きく）が必要であることが理解できるであろう．また，この式を用いることで，ある施策の狙いについて，説明や理解が容易になる．具体的なリスクの低減方法をキーワードとともに見てみたい．

(1) ハード対策（構造物対策）とソフト対策（非構造物対策）：ハード対策とは，ダムや堤防などの構造物で地域にかかる外力を緩和させる，つまり H の低減を狙うものである．激しい雨やそれに起因する洪水，地すべりなど，災害のもとになるものを減少させることはできないが，堤防やダムの建設，地すべり対策工事などは地域へ降りかかる災害をある程度まで食い止めることはできる．

一方，ソフト対策には，土地利用規制や早期警報，防災教育・防災訓練な

どが含まれる．土地利用を災害に強いものに変えていくこと，例えば，津波や洪水による浸水が想定される地域への居住制限は，地域の災害に対する脆弱性を根本的に変えるもので，V の減少に寄与する．早期警報や防災教育・防災訓練は，地域住民の防災能力，災害対応能力を高める活動なので，C の増大に寄与するものである．

(2) 自助，共助，公助：自助（一人ひとりが取り組み，自分自身や家族・世帯を強くしていくこと）・共助（自分達の街は自分達で守るために，地域で力を合わせて実現していくこと）・公助（安心・安全のための政府の責任を果たす）の考え方は，防災の役割分担を理解する概念としてわかりやすい．この三つの考え方は日本で言われ始めたもので，日本では共有されつつあり，海外にもこの考えが伝わり始めている．

(3) 防災と減災：災害を未然に防ぐ施策である「防災」である程度までの災害を防ぎ，災害が発生した場合に被害の拡大を最小限にする「減災」で一定規模以上の災害に対応するという考え方が，近年では主流となっている．防災は，その本質から構造物対策で公助と密接に関係し，減災は非構造物対策が主体で自助・共助との関係性が強い．

一方，『回復力の向上』は，災害発生後，いかに早く元通りに，あるいは，それ以上に回復するか（Building-Back-Better という言葉が用いられる）ということであるが，そのためには事前の準備と復旧・復興期間中の施策がある．事前に復興計画，事業継続計画などを立案しておくことは回復力の増大に有効であるとされ，取組みが進んでいる．

3.3 防災と内発性

ここからは，防災と内発性について考えていく．本章「3.1 はじめに」でも述べたように，この論説では，防災における内発性を考えるうえで，「地域の災害安全度を向上させ発展のベースを築く」という防災の基本的な役割から見た『内発的発展のための防災』という視点と，「防災が地域の社会システムの一部であり，その活動の成否は地域住民の主体的参加に依存している」という考えによる『防災活動を進めていく上での内発性』という二つの視点を提示する．以降，この二つの視点についてそれぞれ例示を含めながら整理をし，それをまとめる形として

3.3 防災と内発性   33

「コミュニティレベルでの防災活動」について考えてみたい.

3.3.1 内発的発展のための防災

　防災は，災害を未然に防ぐこと，災害が起きたときにその拡大を最小にすることにより，地域の災害に対する安全性を高めるという基本的な目的・機能をもっている．地域の発展のためには，その地域が目指す発展形態が内発的であるか外来型のものであるか否かにかかわらず，災害からの安全性を高め，その地域の発展や開発を支える人材やインフラなどを含む様々な資産・資源を守ることは必要不可欠である．その意味でも，防災は内発的発展にとっても重要な要素の一つである．

　前節において，防災における自助・共助・公助の概念を提示したが，地域の人や資産をある一定レベルまでの災害から守るためには，式 (3.1) のハザード (H) の部分を減少させる施策，つまり施設の建設など構造物による対策が必要である．この部分は，一般的に公助が担う範囲とされており，内発的発展を目指す地域においても国家を含めた公共の果たす役割は大きい．

　それでは，内発的発展に資する公助のありかたは，どのような考えの下で実施されるべきなのであろうか．

　本章の冒頭で整理したように，「内発的発展」では，地域の自然生態系の固有性や文化遺産・伝統に基づくことが重視されている．このような考えを適用するのであれば，防災施策の実施においてもこの点への配慮が必須となるため，防災構造物の計画は，画一的な基準に基づいたものではなく，その地域の自然や伝統に配慮したものであることが基本となる．しかし，防災施策とくに構造物による対策は，安全と環境，安全と伝統を守るという点において，トレードオフの関係になることも珍しくない．そのため，施設計画の過程において，地域住民を可能な限り参画させ，住民が計画に対してオーナーシップをもつようにするとともに，できるだけ自然と調和し地域の伝統を壊すことのないものとし，住民が納得できる計画としなければならない．また，内発的発展では，地域住民が地域の社会経済システムを主体的に構築・管理する地域自治が目指されるところであることから，建設された施設の維持管理についても，可能であれば地域の社会システムに即した形で地域や住民が主体的に参加できるような形にもっていくことが望ましい．

このように,「内発的発展のための防災」を指向すると,計画段階や施設の維持管理において住民の参加が求められることになり,これらは,次項で論じる「防災活動における内発性」と深く関連するところである.

3.3.2 防災活動における内発性

繰りかえしになるが,防災は,「自助,共助,公助」や「防災,減災」といった概念,「構造物対策と非構造物対策」といった施策などを様々な形で組み合わせることで,災害を未然に防ぎ,被害の最小化を図ろうとするものである.内発性の観点,つまり地域住民が主体的に参加し社会システムの一部として地域の災害を管理するという視点で防災を捉えるには,地域に精通する地域住民の主体的参加が求められる自助と共助に関わるものに着目していく必要があろう.また,地域の社会のシステムとして防災活動が持続的に継続していくためには,住民の主体的参加による防災システムの構築が不可欠である.以下に,防災の各段階における自助・共助と内発性の関係を示していると思われる二つの事例をあげてみたい.

(1) 自主的な判断による避難で津波の被災を免れた例(日本・釜石)

防災訓練を実施することは,日本ではもはや当たり前のこととなっている.コミュニティレベルで災害を知り避難訓練をし,街全体でいざというときに備えることは,自助・共助の典型例である.しかし,読者が自らを省みたとき,防災訓練に主体的に参加し,考えて行動をしているといえるだろうか.多くの人は強制的に参加させられ,周囲の人と行動を共にしているだけであることが多いはずである.このような形で実施される活動は,いわば「外来型」の防災活動であるといえ,このような活動でも避難場所を認知するといった意味では一定の効果は期待できるかもしれないが,いざ災害となったときに適切に行動できるかどうかは疑わしい.

ここで示す東日本大震災時の釜石市鵜住居地区の釜石東中学校と鵜住居小学校の避難の事例は,住民(この場合中学校の生徒)が自らの判断で主体的に行動を起こし(自助),地域の防災システムの一部として近隣を巻き込んだ形で避難(共助)をした結果,両校に在校していた約600人の児童・生徒全員が無事に避難することに成功した.この事例は,災害発生時の自助・共助における主体的参加(内発性)の重要性を示すものである.

3.3 防災と内発性

【事例】 この地区では，群馬大学の片田敏孝教授が「想定にとらわれるな」「最善を尽くせ」「率先避難者であれ」という原則に基づいた指導を行っており，釜石東中学校と鵜住居小学校は隣接していて日頃から防災訓練を共同で行っていた．2011 年 3 月 11 日の東日本大震災当日，率先避難者たれと教わっていた中学生は，地震直後に「津波が来るぞ」と叫びながら避難場所に指定されていた場所に向けて走った．こうしたことで，小学校の生徒や地域住民の避難の開始を促した．また，避難場所として指定された場所においても，「ここも危ないかもしれない」と感じた中学生が率先してさらなる高台まで逃げたことで，多くの命が助かった．

中学生は，日頃の自ら考える防災訓練等で，主体的に行動をすることが身についていたのであろう．また，地域の人達も，「災害のことを一番よく知っているのは中学生」という認識をもっていたとのことであり，中学生の行動が規範となって地域の人の避難に結びついたことを考えると，その地域に即した形の防災が社会システムの一部となっていたといえる．

この事例は，災害発生に備えた地域の防災システム作りの段階および災害発生時の自助・共助において，内発性がいかに重要であるかということを示す事例といえよう．

(2) 被災後の仮設住宅における生活環境管理の例（インドネシア・ムラボー）

被災後の生活においても，住民（この場合は被災者）の主体的行動が，生活の質を左右する．日本においても，避難所における自治が，被災者の被災後の生活の良否に関わってくるといわれているが，ここでは，インド洋津波災害後の仮設住宅における住環境の違いが，住民の環境維持に対する主体的参加に，いかなる相違を生じさせたかについて論じる．

【事例】 2004 年 12 月 26 日に発生したインド洋大津波災害は，インドネシアのアチェ州で，約 18 万人の死者・行方不明者を出し，約 19 万人が住居を失った．インドネシア政府は，約 14 万人の被災者を仮設住宅へ収容することを目標としたが，仮設住宅の建設は公共事業省（Kementerian Pekerjaan Umum：PU）の他にも現地に支援に入った NGO が直接行ったため，建設された施設の内容や配置，間取りなどの物理的状況が異なった．PU の標準設計の場合，居住棟には出入り口前に共有の廊下が設置されたり，敷地の中央に共有施設としての多目的ホールが配されたりするなどされ，空間的にも比較的余裕をもって作られていたが，NGO など政府以外が建設した仮設住宅は，概して建物の物理的，空間的余裕が少なく，生活への配慮も劣っていた感が否めないものであった．現地

における観察では，PU の建設した仮設住宅では居住者による増築などの仮設住宅の改変はほとんど見られず，さらに居住者自らが周辺環境を良好に保つような働きかけが見られ，清潔に保たれていたのに対し，一部の NGO が建設した仮設住宅では，敷地内には生活ゴミなどが散乱し，施設の維持管理があまり行われていない状況であった．

この違いは，共有施設の利用を通じた住民同士の交流の差，それによる共同体意識の差により生じ，住民が仮設住宅の環境改善を含む自治に主体的に関与した仮設住宅では衛生環境を含めた居住環境が良好であり，そのような仮設住宅では，3 年が経過した時点でも良好な環境に保たれていた場合が多かった．

インド洋大津波災害からの復興過程においても，仮設住宅での生活は，当初予想よりも長引いていた．本事例は，住民が早期から主体的に仮設住宅の自治に参加することで，災害からの回復期の生活環境を良いものとしていった事例であり，このような時期においても，内発的な活動が被災者の生活環境を良好に保ち，施設の維持管理に大きく影響することを示している．

3.3.3 コミュニティレベル防災活動 ― 防災活動への住民参加 ―

日本において，コミュニティレベルでの防災活動（コミュニティ防災）がとくに注目され始めたのは，阪神・淡路大震災以降である．阪神・淡路大震災では，瓦礫の下などから救出された人の約 8 割は，家族・親戚や近隣の人によって救出されている．また，阪神・淡路大震災時の死者の約 9 割は，建物の下敷きになるなどの原因で地震発生後 15 分以内に死亡している．これは，公助による救援が期待できない大規模災害では，コミュニティでの救援能力の向上が死者の減少に直結することを示し，コミュニティレベルでの防災能力向上が主張されるようになった．

一方，開発途上国においては，公助をになうべき政府が資金的にも技術的にも脆弱であり，主に公助で賄われるべき構造物による対策が進まず，住民は，災害にさらされることになる．そのため，地域住民は，独自で防災の努力，つまり地域独自で地域の脆弱性を減少させる，あるいは地域の災害対応能力を向上させる努力を行わなければならないため，開発途上国においても，コミュニティレベル防災の推進が欠かせない．

ここでは，途上国でのコミュニティ防災活動を念頭に置き，議論を進める（図 3.5）．コミュニティ防災活動は，概ね以下のプロセスで実施される．

図 3.5 開発途上国（スリランカ）におけるコミュニティ防災活動の様子

① 地域を知る
- 地域の災害特性を知る．
- 街歩きなどをして地域の状況（人的・物的リソースや危険箇所，要援護者など）を知る．
- コミュニティレベルでのハザードマップを作り可視化する．

② 地域の防災システムを作る
- コミュニティレベルで住民を防災組織化する．
- コミュニティレベルでの防災計画を立案する．

③ 防災計画を実施する
- 防災計画に書かれた施策を実施する．
- 防災訓練を実施する．

このようなプロセスを通じたコミュニティレベルの活動のみでは，ハザードを減少させることや地域の脆弱性を根本的に減らすことは難しいことから，現実には，避難等の能力向上を高めることが，コミュニティ防災の主たる目的になっている．

地域に即した防災施策をコミュニティレベルで実施するためには，住民がもつ知見，情報や文化的背景などについても知る必要があり，住民の主体的参加が求められる．実際のコミュニティ防災活動でも，住民の参加が不可欠である．

しかし，筆者がこれまで経験してきた途上国でのコミュニティ防災活動では，住民は地域の危険性をある程度認識しているものの，その改善に対する知識はなく，どのような活動を行ってよいかわからない場合が多い．そのため，コミュニ

ティ防災活動の多くは，政府や支援機関，NGO などの外部からの介入，つまり内発的とは対極にある外来型の支援により開始されることになる．

　筆者も外来型で開始したコミュニティ防災活動を多く経験しているが，その初期の段階では，住民が主体的に活動に参加するための誘導が難しい．つまり，防災活動では，何かを生産するわけではないことから，活動を行うことでの収入はなく，直接その地域を発展させるものとはなりえないため，活動に参加するインセンティブが働かないのである．そのため，数年単位の介入を続け，住民が活動を理解し主体的に参加しているように見える仕組みを作り上げたとしても，外部からの介入がなくなるとその活動が止まってしまうこともある．

　コミュニティレベルの防災活動は，被害，とくに人的被害の軽減に効果があるが，インセンティブが働きづらい状況で活動の重要性を理解させ，活動を継続させるためのインセンティブをどのように与えるのかは大きな課題である．

　このような課題に対し，住民が防災活動を実施することの本質，つまり，「防災活動が地域の安全を守り，それが生産の増大あるいは損失の減少につながる」ということを理解させることが第一であろう．さらに，筆者らが実施した住民避難についての研究では，避難の動機づけには「住民が災害事象を現実感をもって知ることが肝要」との結果もあり，地域に起こる災害をリアルに感じられるような活動内容とすることで，参加者の意識が上がり，活動の継続につながるとも考えられる．

3.4　お わ り に

　本章では，これまで防災分野で取り上げられることが少なかった「内発性」を切り口に，「内発的発展のための防災」と「防災における内発性」について論じてきた．この中で，内発的発展のためには，インフラとしての防災つまり公助による防災が重要だということを指摘した．一方，事前の備え，災害発生時，復興といった防災の各段階での活動をとくに地域やコミュニティレベルで持続的に行っていくためには，各段階の活動が内発的である必要性があることも指摘した．さらに，防災と内発性の関連を論じる上で最も適切と思われる事例として，コミュニティ防災活動を取り上げ，内発性との関連の深さを提示した．

　地域やコミュニティレベルでの防災および防災活動の重要性，そこへの住民参

加の重要性が指摘されている中，内発的発展や内発性といった視点を取り入れていくことが，地域やコミュニティレベルの防災をより良いものとしていく一つの戦略である．

参 考 文 献

1) 北脇秀敏他編，東洋大学国際共生社会研究センター監修：国際開発と環境―アジアの内発的発展のために―，朝倉書店，2012
2) 若原幸範：内発的発展論の現実化に向けて，社会教育研究，第 25 号，pp.39-49, 2007
3) 内閣府：防災白書（平成 19 年度版）
4) 内閣府：平成 23 年度年次経済財政報告，平成 23 年
5) 内閣府：防災白書（平成 25 年度版），日経印刷，平成 25 年 7 月
6) UNISDR : Global Assessment Report on Disaster Risk Reduction, UNISDR, 2013
7) 「大災害と国際協力」研究会：災害に立ち向かう世界と日本―災害と国際協力―，佐伯出版，2013
8) 落合知帆，松丸 亮，小林正美：大規模災害からのコミュニティの再構築とコミュニティの問題対応能力に関する研究―インドネシア，アチェ州ムラボーの仮設住宅を事例として―，都市計画論文集，44 (3), 325-330, 2009
9) 片田敏孝：人が死なない防災，集英社新書（0633B），2012
10) 松丸 亮：スリランカにおけるコミュニティ防災活動支援に関する一考察 ― JICA の支援事例と今後の継続における課題 ―，国際開発学会第 15 回春季大会報告論文集，2014
11) Esteban Miguel，松丸 亮，高木泰士，三上貴仁，柴山知也，Mario P. de Leon, Ven Paolo Valenzuela, Nguyen Danh Thao：2013 年台風 Yolanda（Haiyan）時の災害情報の伝達と住民の避難行動に関する分析，土木学会論文集 B3（海洋開発）特集号，**70** (2)，2014

4. エネルギー・環境問題と内発的発展

4.1 はじめに

　20世紀が「地球資源の消費による発展の時代」とすれば，今世紀21世紀は，「地球環境の制約下での成長の時代」として，環境問題への人知の集約が不可避な時代である．環境の世紀を迎え，地球環境問題をはじめとする環境問題への対応が社会の最重要課題となっている．

　そのため，世界各国では新エネルギーをはじめとした低環境負荷のエネルギー利用の開発・導入促進に向けた努力が行われている．これら新エネルギー等への期待が高まっている背景には，地球温暖化の深刻化がある．国際社会は，産業革命以降の気候変動である気温上昇を2℃未満に抑えることに合意し，そのためには，大気中の温暖化ガスの濃度を450 ppm（0.045％）以内にする必要がある．現在の水準は既に400 ppmを超え，毎年1～2 ppm増加している．

　目標達成には2050年までに，2010年比で40～70％の排出削減が必要と推計されている．具体的に再生可能エネルギーや原子力といった低環境負荷エネルギーを大幅に増やすことや，省エネルギーや二酸化炭素（CO_2）の回収地下貯留（CCS：CO_2 Capture and Storage）の導入があげられる．

　一方，国際社会が新たな削減努力をしなければ，2100年には気温が3.7～4.8℃上昇すると，2014年に国際気候変動パネルIPCCは警告した．

　そもそも社会・経済活動の基盤となるエネルギーの大部分は，いわゆる化石燃料（石油・石炭・天然ガスなどの供給割合は世界で現状約80％）に依存しており，二酸化炭素（CO_2）を不可避的に発生する．経済の発展とエネルギー消費は，まさに相関関係であり，このままでは地球温暖化は避けられない見通しである．

　これらCO_2に代表される温室効果ガスの排出削減を国際的に取り組むべく，

4.1 はじめに

1997年に気候変動枠組条約第3回締約国会議（COP3）が京都で開催され，先進各国は温室効果ガスの大幅削減（1990年比2010年平均目標：日本は-6％，EUは-8％，米は-7％他）を約束した．

地球温暖化は，将来の海面上昇のみでなく，① 異常気象の多発など「将来の危機ではなく現にそこにある危機」であり，② 京都議定書（わが国も批准済み）における国際的な義務，③ 各国政府・企業は「新たなグローバルスタンダード」として戦略的に活用しようとする姿勢がうかがえることなどから，日本として産官学の総力を結集した対応が不可欠である．

一方，世界の CO_2 排出量はエネルギー消費の急増により，20年前の約1.3倍となっている．温暖化ガスは1970～2000年の間は毎年平均4億トン（前年比1.3％）増えていたが，2000～10年には10億トン（同2.2％）に急増した．これは，産業革命が始まった時代の1750年から2010年までの排出量のうちほぼ半分が過去40年で排出されたことになる（図4.1参照）．とりわけ，中国・インドをはじめ急速に発展するアジアでの増加が顕著であり，今後の地球温暖化対策の鍵である（図4.2参照）．

さらに，2011年3月の東日本大震災を契機とした原子力発電所の停止などにより，日本は今後の地球温暖化対応とともに，国民の一部からは脱原発の志向の高

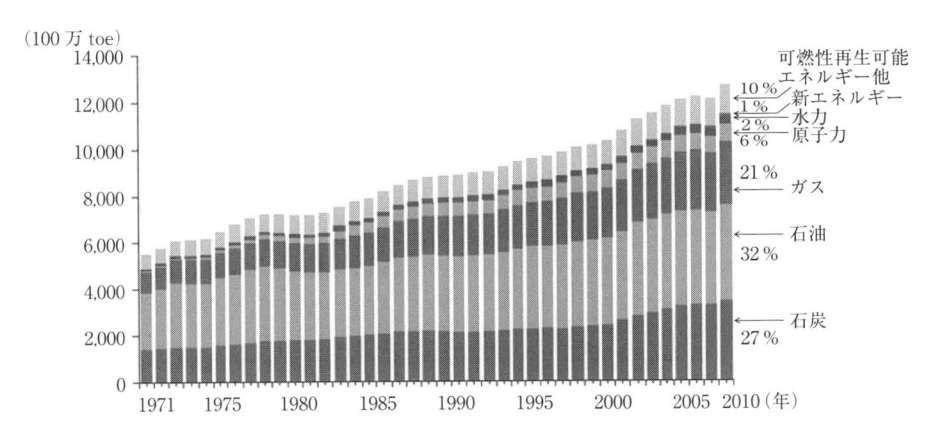

図4.1 世界のエネルギー消費量の推移（エネルギー源別）（出典：エネルギー白書2013（資源エネルギー庁），IEA, Energy Balance 2012 をもとに作成）
（注）toe：tonne of oil equivalent の略，原油換算トン．

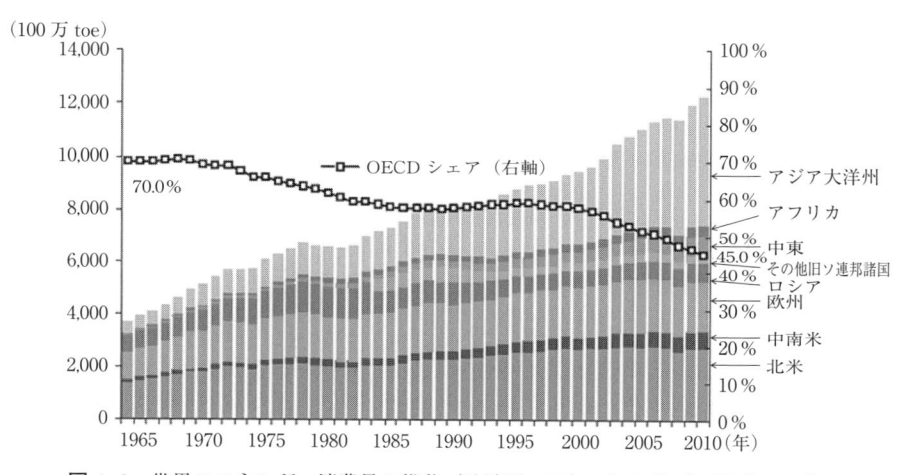

図 4.2 世界のエネルギー消費量の推移（地域別，1次エネルギー）（出典：エネルギー白書2013（資源エネルギー庁））
注：1984年までのロシアには，その他旧ソ連邦諸国を含む．toeは図4.1と同じ．

まりもあり，政府内においてこの対応策たる『エネルギー基本計画』が2014年4月に策定されたところである．

このような現状を踏まえ，アジア諸国をはじめとする発展途上国においては，地球温暖化対応とエネルギー確保のため，例えばバイオマス資源，つまり植物由来のエネルギー活用に対する期待が高まっており，その現状と問題点さらに今後のプロジェクト化を含め，低環境負荷エネルギーによるアジアの内発的発展への可能性について述べてみたい．

4.2 省エネルギーとアジアとの連携

アジアをはじめとする発展途上国の経済成長・人口増に伴ってCO_2排出量が急増する中で，国際社会全体の排出量削減へ向けた取組みと，さらに同諸国における社会・産業活動の基盤として，先進国によるエネルギー技術を中心とした「技術移転」が果たす役割への期待が寄せられている．

日本の省エネルギー対策については，産業界は世界に冠する省エネルギー技術を有し，行政においても省エネルギー法に基づくトップランナー方式が導入され

るなど顕著な成果をあげている．このようなことから，アジア諸国と日本のエネルギー・環境協力を展開すべく，同諸国のエネルギー・産業・社会構造の分析とともに，各国に導入可能な政策・制度・技術の提案を行うことによる連携を強化すべきである．

このため，アジアへのエネルギー・環境技術移転を促進するための新たなメカニズムが望まれる．例えば，本分野への意志と能力を有する大学間において，制度設計の検討，省エネルギー基準等法制度研究，関連する社会制度等の分析を共同して行い，行政の施策および産業界の対応に活用される基礎資料を提示するとともに，所要の人材教育・育成を行う機能・組織の強化が望まれる．

これら省エネルギー事業は，当該国へのエネルギー・環境技術移転を促進するとともに日本の産業界の技術・知見を生かしうるもので，新産業としてビジネスチャンスを提供することになる．まさに，「Win-Win」のゲームとして，真の国際共生を可能とし，日本と当該国（モンゴル，バングラデシュなど11か国との間で締結済み）間で検討が進められている「2国間クレジット制度」として，より収益性が高まることも期待される．

4.3　新エネルギーの展開

新エネルギーは，前述の地球温暖化問題への対応はもとより，エネルギー安定供給確保（セキュリティー）の観点からも積極的な開発・導入を行っていく必要がある．このため，産官学における技術開発・産業化への努力とともに，先般導入された再生可能エネルギー「固定価格買取制度」のように，社会における幅広い利用を促進するための制度・助成を国が行うなど，導入促進へ向けた努力が世界各国でも行われている．

一方，新エネルギーを取り巻く環境は，一部の環境グループの主張によるようなバラ色ではなく，むしろ克服すべき課題が山積みしている．しかし，社会システムとして社会・経済に組み込んでいくことが，地球環境のためのみならず豊かな地域社会の創造や新規産業や雇用の創出に資するとともに，先行した国・企業が当該分野で「グローバルスタンダード」を構築しまさにトップランナーとなるであろう．

他方，新エネルギーに過大な期待や幻想を有することは社会・経済の安定性の

観点から危険でもあり，以下に述べるように，取り巻く環境や克服すべき課題を十分に把握することが前提となる．

つまり，新エネルギーは，技術的には十分実用可能な段階に達しつつあるが，現時点ではまず経済性である．一般的に従来型電源に比べ発電コストが高いが，今後の市場拡大と技術開発，さらに前述の固定価格買取制度など行政の努力により，十分克服可能と思われる．

一方，出力安定性は，最大の課題でありまさにボトルネックといえる．太陽光発電，風力発電といった自然条件に左右される新エネルギーは出力が不安定であり，そのエネルギーを利用できる機会や地点が限られ，新エネルギーの電力網（ネットワーク）への接続が増加するにつれて電力品質が悪化し，一般需要家へ影響を及ぼす可能性も指摘されている．さらに太陽光発電，風力発電等のように設備利用率（各々わが国では12％と20％）が低く，利用効率の面での課題を有する．

例えば，図4.3に羽田空港隣接の大型太陽光発電の公表実測出力値をとりまとめたものを示すが，まさに天気と気候に依存することがよくわかる．このための対応の一つの方向が，現在着目されているスマートコミュニティであり，情報通信技術により蓄電・出力平準化を行うことにより地域社会全体のエネルギー需給の最適化を行うもので，その概念を図4.4に示す．

図 4.3 太陽光発電所の出口変動（一般家庭何軒分の電力を発電したか：8/15-12/16の実績）（出典：東京大学・早野研究室 HP，データで見るメガソーラ浮島太陽光発電所による）

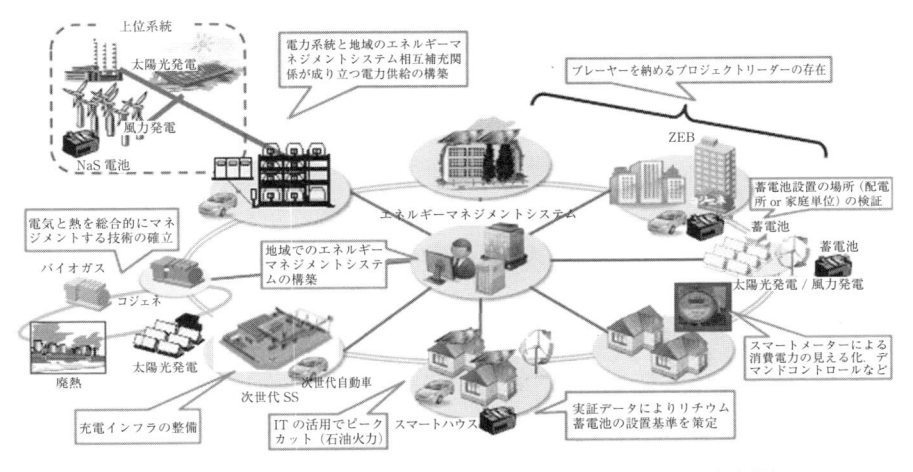

図 4.4 スマートコミュニティーの概念（出典：経済産業省発表資料）

4.4 化石燃料のクリーン利用

世界のエネルギー供給の見通しでは，2040 年までにエネルギー需要は 50％増加（年平均では 1.4％増）する（OECD/IEA, World Energy Outlook 2013）．その需要増の 70％は開発途上国であり，中国だけで 30％を占める．また，この見通しでは，現在（2011 年実績で，石炭・石油・ガス等で 82％）および将来（2040 年見通し同 79％）とも大部分は化石燃料に依存し，需要増の 83％を占めると予測されている．

日本でも，2011 年の東日本大震災後のエネルギー安定供給確保において，天然ガスをはじめとした火力発電の位置づけは高まってきている．一方，化石燃料の消費増は，CO_2 排出増を不可避とし，加えてわが国の国富の流出（大震災の前後では，化石燃料の輸入費が年間約 3.6 兆円増）をもたらす．

このため，単なる燃料転換（石炭から天然ガスへ）ではなく，発生エネルギー当りの価格が安く（熱量当りの価格は，現在石油の 1/3，天然ガスの 1/2 以下）で，資源の賦存量・分布とも優れている石炭のクリーンコール技術と称する環境調和型利用が最大の課題であり，本技術は天然ガス火力に匹敵する低減（図 4.5 参照）を可能とする．さらに，CO_2 分離・貯留（4.1 節のとおり，CCS と略される）の導入などその早急な対応が問われている．

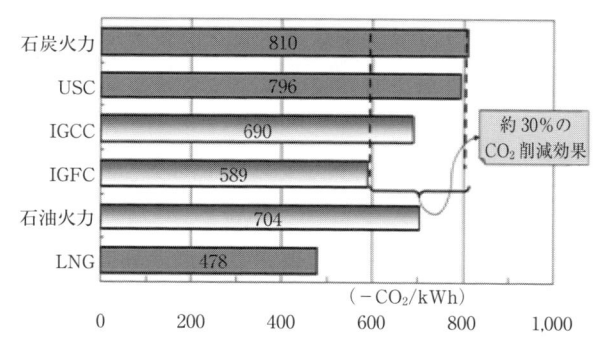

図 4.5 クリーンコール（CO_2/kWh）（出典：2006 年・電源開発資料）

石炭火力 810
USC 796
IGCC 690
IGFC 589
石油火力 704
LNG 478

約 30% の CO_2 削減効果

（$-CO_2$/kWh）

CCS は，まさにゼロエミッションを可能とする夢の技術だが，新しい技術であるため社会的受容性・法的整合性の確保が未整備である．海外において石油の増産回収や炭素税回避のためなどから既に実用化されているものの，地球温暖化対策の観点からは，同技術の社会的認知を新たに得る必要がある．

そのためには，科学的・技術的な知見をさらに集積し，長期にわたる環境影響評価やリスク評価を積み重ねるとともに，関連法制とともに事業法制の整備が前提である．

4.5　バイオマス関連プロジェクトの経験

バイオマスは化石燃料に比べて単位重量当りの熱量が低く，エネルギー的には非効率である．砂糖工場で余るサトウキビの絞りかすをバガスというが，このバガスの熱量は石炭の 30% 程度，重油の 20% にも満たないので，同じ熱量をボイラーで作り出すための設備は化石燃料の場合より大きくならざるをえない．すなわち，設備費もそれだけ高くなる（図 4.6，4.7 参照）．例えば，数年前モーリシャスで自家発電事業者による電力公社への売電の競争入札が行われたが，落札したのは石炭焚きの火力発電所であった．バイオマス発電では経済性のみで対抗しても価格面では太刀打ちできなかった．

そのうえ，バイオマス発電の場合，別な不安定要素もある．それは燃料を農産物の残廃物等から得るために，確保できる燃料の量が天候によって左右されることである．凶作になったら発電用の燃料を補うために他のバイオマス燃料か化石

図 4.6 砂糖成分を含んだサトウキビの茎部分

図 4.7 砂糖を絞りきった後の粉末状の茎部分（バガスと呼ばれ，燃料になる）

燃料を調達しなければならず，これは新たな燃料費の増加につながってしまう可能性がある．

このように，バイオマス発電プロジェクトは化石燃料を用いた従来の方式に比べて，いかにコストを削減できるかという課題がある．この設備・運転費の圧縮のために現地資材の活用や人材の有効利用等により，コスト削減とともに内発的発展に向けた寄与へと誘導することが肝要である．

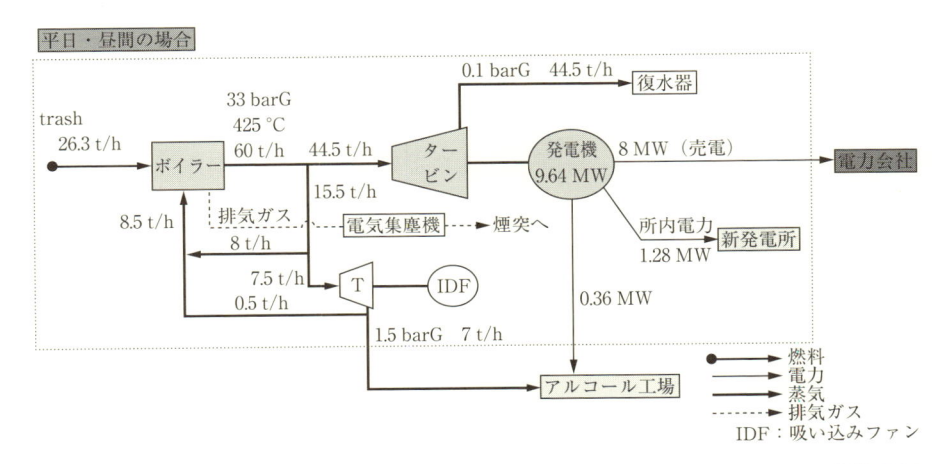

図 4.8 バイオマス・コージェネレーションの一例（出典：NEDO バイオフーエル会議 2007 資料より）

また，発電に用いた蒸気を有効利用するために，コージェネレーション（熱併給発電）を考えるといったシステム設計も有益である．例えば，タイで行ったバイオマス発電システムでは，図 4.8 に示すようにアルコール工場への蒸気と電気の供給を行うコージェネレーションを検討した．アルコールの原料は砂糖工場で砂糖を抽出して最後に残った糖蜜（これは廃糖蜜と呼ばれている）を用いることを計画し，廃糖蜜にはまだ糖分が残っているために，これに酵母を加えて発酵させるとエタノールを作ることができる．このような複数のシステムを組み合わせることによってエネルギーを有効利用すれば，トータルとしての CO_2 排出量も抑えられ，エネルギー収支も改善される．

バイオマスの場合，化石燃料に比べエネルギー密度が小さく運搬コストが多大となるため，基本的には原料を産出するオンサイトでのプロジェクトを志向すべきである．収集・運搬すると，経済・エネルギー収支のみならず，トラック等の排出する CO_2 が温暖化を促進してしまうマイナス要因にもなる．

4.6 技術移転と内発的発展

アジア諸国は，経済の成長・人口増に伴うエネルギー消費と温室効果ガス排出の増加が見込まれ，石油価格の高騰およびエネルギー安定供給確保への対応とともに，自国に大きなバイオマス資源が存在している．さらに，当該地域においては社会開発の観点でバイオマスをはじめとする再生可能エネルギー導入に対する期待が大きい．

しかし，途上国においては，当該技術レベルは低く資金制約も大きい．高いリターンが期待される案件でも，様々な障害によりプロジェクトが進まない問題がある．

このような障害に対応すべく，アジア開発銀行・国際協力銀行など様々な機関が，資金提供可能な制度を整備しつつある．先進国からの技術移転に加え，途上国間の技術移転が有効と考えられ，それを促進するための対策も望まれる．例えば IEA（国際エネルギー機関）の環境技術イニシアティブ実施協定（Climate Technology Initiative：CTI）の下での気候変動技術対応活動（日・米・欧等による国際活動；筆者他が事務局）が作成した資料によると，バイオマスには経済性の見込まれる大きな可能性がある．その一方で，発電電力を有効に活用可能にす

る電力網等の整備に加え，農業生産物の宿命である収穫変動への対応，収穫物の円滑な収集・運搬等に関するインフラの整備などの課題がある．電力網に接続されていない過疎地域では，無電化村への電力供給を可能とする他の再生可能エネルギー（風力・太陽光発電，他）との組合せも，安定供給の観点から課題となりうるが，コストが高く政府の支援が必要であろう．

さらに，アジアの一部の国では，政府の体制・法制度整備などの対応の遅れがあり，汚職・収賄などの問題がビジネスのコストを高めていることなどについて産業界の不満が高く，政府への速やかな対応を求める声があがっている．これらに応えるべく，独立行政法人新エネルギー・産業技術総合開発機構（NEDO）などわが国の政府機関が行ってきたキャパシティービルディング（能力向上）に関わる活動等が，現地政府はもとより国内外の産業界から高く評価されている．

なお，これらプロジェクトモデルの一例を「NEDOバイオフーエル会議2007」の資料より農業廃棄物等を対象にしたものを図4.9に，サトウキビを対象としたものを図4.10に示す．

これらプロジェクトは事業の一環であり，当然のことながら収益性の高いプロジェクトが望まれている．プロジェクト実施地域における社会共生のため，途上国と日本政府・企業にとり「Win-Win」の関係を構築すべく，採算性を含め様々な工夫が必要である．さらに今後は，当該地域の内発的発展に寄与すべく，① 現地環境に沿った設備導入，② 技術・システムの組合せによる採算性・運転性の向上，③ 有効かつ的確なコーディネーター制度の整備などが図られ，産官学政府の協力の下，ハード・ソフトの両面，とりわけ人材育成を最重要課題として，実現が図られることが望まれる．

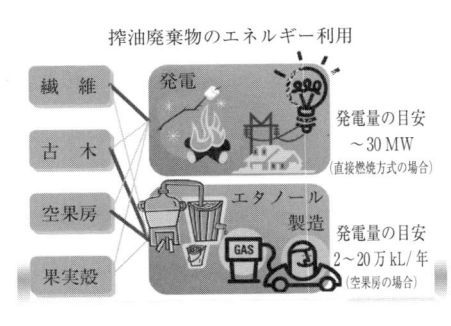

図4.9 農業廃棄物等を対象とするバイオマスプロジェクトモデル

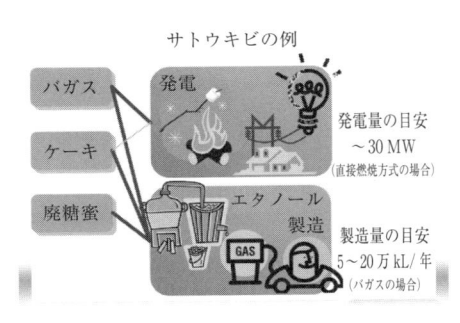

図4.10 サトウキビを対象とするバイオマスプロジェクトモデル

4.7 お わ り に

　地球温暖化問題に対して世界各国が対策を立てていくためには，前述の① 省エネルギー，② 新エネルギー，③ 原子力の従来の3本柱とともに，前述のクリーンコール技術や二酸化炭素（CO_2）分離貯留（CCS）など④ 化石燃料のクリーン利用の速やかな導入が不可欠である．そのことにより，各国のおかれた環境により差異はあるものの，基本的方向は変わらず，エネルギーベストミクスの各エネルギー源の割合が変わるだけである．

　とりわけ，引き続き増大するエネルギー需要を依存することになる化石燃料については，石炭以外の石油・天然ガスともその資源賦存量から，オイルサンド・シェールガス等の非在来型資源の利用は進むものの，今世紀中には生産の限界がくると予測されている．

　こうした状況において，CCS技術と組み合わせることにより，環境調和型資源としての石炭の活用として，例えば二酸化炭素分離回収型の石炭火力とCO_2分離地中貯留（CCS）を活用したエネルギーシステムを志向することも発展途上国の内発的発展のためには一案である．他方，新エネルギーに過大な期待や幻想を有することなく，その克服すべき課題を十分に把握して有効利用を図ることが肝要である．

　このため，化石燃料のクリーン利用，CCS技術と新エネルギーを含め各種技術を組み合わせ，エネルギーシステムとして産業活動に組み込んでいくことが，日本のエネルギーセキュリティーおよび地球環境のため，また発展途上国の内発的・持続可能な社会・経済発展を可能とし新規産業・雇用の創出に資するとともに，わが国が当該分野で，世界に通じる「グローバルスタンダード」を構築するためのまさに近道となる．

　さらに，エネルギー技術開発とその利用において，継続的に世界をリードしていくためには，人材育成がきわめて重要である．とりわけ，今般の原子力に向けられたマイナスイメージおよび正確性に欠けた情報は，社会・経済に適した施策の展開・計画行政を阻害する要因になる．また，その実施地域における説明・対話のためには，「説明できる」のみならず「心を通わすことのできる」つまり他者の痛みを理解し，その視点から捉えることができる，いわゆるホスピタリティー

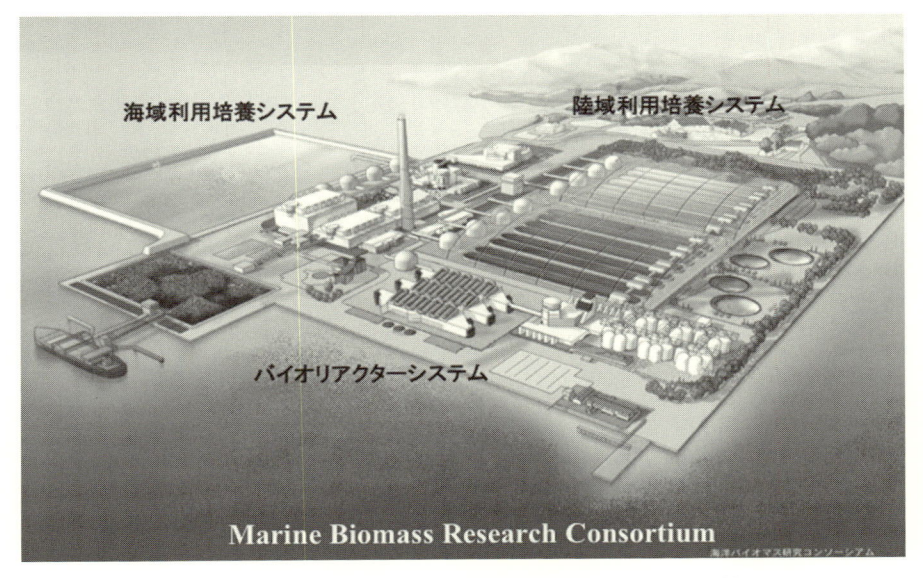

図 4.11　CO_2 有効利用石炭火力発電所の概念（著者他作成）

に富んだ人材育成が必要不可欠であり，これら人材育成の側面支援を，内発的発展を進める発展途上国へ産官学の連携により行う必要がある．ただしこの人材育成については，経済外部性が大きいことから，先進国からの技術移転・協力が大きな前提となり，産官学が密接に協力しながら進めていくことが望まれる．

　このように，適切な人材とともに地域発展の施設・事業も併設したエネルギー施設，いわば各施設・技術「いいとこどり」こそ，地域住民を含めたエネルギー施設展開の国民の合意形成のカギとなる．つまり，すべての主体にとり「Win-Win-Win」の関係が構築できるモデルを志向することが肝要である．

　具体例をあげれば，エネルギー施設の排熱・排出される CO_2 を太陽光とともに活用する植物工場（CO_2 は植物にとり肥料）の併設と CO_2 の海外も含めたネットワーク化が有益（同油田の生産性向上・有効利用の活用）で，この概念を図 4.11 に示す．

　このようなプロジェクト・技術・人材が，いわゆる環境のクズネッツ曲線にトンネルを穿ち，発展途上国の環境悪化を止め改善し，内発的発展を可能とすることと確信している．

参 考 文 献

1) 久留島守広：地球エコシステムと地中隔離,「環日本海研究」, No.11, p.123（2005. 10）
2) 久留島守広：地球ビジネスとしての地中隔離,「資源と素材」, **120**, 677-680（2004. 10）
3) 久留島守広：地中隔離技術— 21世紀環境技術の要—, *Engineering*, No.93, p.14-17,（2001. 11）
4) Overview of Long Term Framework for CCS, 2004. 11 IEA-GHG
5) World Energy Outlook 2011 OECD/IEA
6) WETO-H_2, 2008. 01, EU委員会

5. 復興過程と内発的発展

5.1 被災地の現在

　2011年3月11日の東日本大震災は，わが国の経済・社会のみならず「フクシマ」に示されるように国際社会にも衝撃を与えた．大地震，大津波と，これに引き続く余震は，東北，関東の三陸沿岸から千葉県北部まで約 600 km² に及ぶ広範囲の地域（被災した市町村の総面積は約 8,500 km², 人口は 250 万人を超える）において，家屋の倒壊，地域の破壊・喪失――全壊約13万戸，半壊約25万戸をもたらし，3日後の避難者はおよそ47万人であった．堤防は延べ 190 km が全壊もしくは半壊し，漁港はほぼすべてが壊滅した．加えて福島第一原発の停止・一部損傷破壊による放射能漏れは，住民の長期間の避難，生活の拘束を余儀なくし，広域に及ぶ放射能汚染被害を招いた．この未曽有の事態に対し，東洋大学もなんらかの支援活動を起こす必要があるとして，教職員やその関係者による「東日本大震災復興問題対策チーム」を組織した．チームは複合体であり，各チームそれぞれの特性を活かして避難所支援，被災者支援，復興事業支援等，発展的に活動を行ってきた．本章では，その一つで，著者の所属する地域支援チーム[1]の継続的な調査活動を紹介しつつ，主に三陸沿岸地域を対象に復興のあり方について考えてみたい．

　2014年3月時点で，死者1万5,884名，行方不明者2,633名，避難者26万7,419人（朝日新聞2014年3月11日），避難者のうち仮設住宅（みなし仮設も含む）に暮らす者は10万2,650人，福島原発事故による避難者は約14万人（2013年12月）を数える．被災者用に建設・配給された仮設住宅は，新設の仮設住宅約5万戸（600〜700万円/戸，期間は2年から5年間に延長）と，みなし仮設住宅約6万戸である．

インフラ公共事業については次の3点セットが基本となっている．

① 5戸以上の被災世帯を対象に，高台への移住を推進する防災集団移転促進事業：現在約300件の政府への事業申請があるが，そのうち約100件が計画過程にある．被災者は従前の土地・家屋を自治体に売却するが，当該地は移転促進区域，災害危険区域として居住地としての利用は禁止される．

② 2〜5mの嵩上げによる被災市街地での造成や土地区画整理事業：現在土地区画整理事業は約45件の政府への申請があるが，そのうち約30件が計画過程にある．

③ 大津波を防止する防潮堤建設事業：防災面から当該事業の確定を全体の公共事業実施の前提とすることが基本的な方針となっている．恐怖の記憶が強い初期では安全性の観点からより高い方が望ましいとなるだろうが，一方で予想不可能な状況での巨大な人工物の構築は，巨額の公共投資による費用対効果，地域の生態や景観の破壊といった点から批判もあり，依然高さについては見直しを含めた議論がある．大槌町では14.5mの高さの防潮堤を数kmにわたって建設する予定であったが，海の見える漁業，景観の維持という点では低い方が好ましく，津波に対しては避難路の整備により対応するといった議論も起こっており，一部の集落では以前の6mの高さで十分との提案が出されている．

本チームは三陸地域の津波被災地域を全般的に見てきたが，具体的な活動としては岩手県宮古市田老地区や大槌町の仮設住宅団地，釜石市根浜地区などを対象に，被災者との長期的な活動展開を視野に入れつつ，集落の再生につながる方策を検討している（未だ初動段階だが）．2013年4月には学生の任意団体「Bridge」を組織し，東洋大学生協白山店の協力を得て，被災地のお母さん方の小グループでつくられたハンドクラフト製品の販路確保支援も試みている．

現地に行くたびに繰り返されるのだが，長期の仮設住まいの疲労を訴える被災者の「記憶」は未だ鮮烈で，その心理的な状況を深く理解することは，外から来た者にとってつくづく難しいと感じさせられる．日常の生活が突然消失した事態についてどう理解すればよいか未だに解を見出せないでいる．被災者の眼前では，被災以前の従来の自治体予算の10数倍の巨額の復興予算が計上され，地域の姿を一変させる復旧から復興へという大規模な「土建作業」が進行している．そして大半の被災者はこの事業に関係したり，その変化を受け止めたりせざるをえない．

工事の完了を待つ いわば「受け身」の状況におかれている．丸3年を経過し，変化している部分と，変わらない部分との差が明らかになってきている．広範な被害地域はそれぞれに多岐にわたる課題を抱えつつ復興というベクトルを共有していかざるをえない．しかし，現実に行政サイドが一律の基準で主導するこのままの進行がはたして住民の求める復興につながるのか．現場を見ていくと新たな課題も生じている．事態の複雑性，緊急性は理解できるが，一方で，「組み立てられたシステム」の貫徹がもたらすこの事態について，そして今後の予想される状況について改めて検討する必要を強く思う．

5.2 調査報告

この3年間，チームとして実施した調査の経過を以下に示す．次第に対象地も限られて，具体的な対応が求められる状況にある．復興に向けた様々な試みや地域の変化を，調査時点での感想メモから見ていこう．

● 2011年5月28日：観光客が激減し風評被害が著しい米沢市を出発し，陸前高田市，大船渡市，釜石市，大槌町，宮古市をまわる．被災の状況は表5.1のとおりである．

表5.1 陸前高田市～宮古市の被災状況（5月21日現在，朝日新聞）

地名	死者	行方不明者	住宅状況	避難状況
陸前高田市	1,494人	約690人	3,340棟が倒壊	約1万人が避難
大船渡市	314人	約150人	3,630棟が倒壊	約4,560人が避難
釜石市	844人	約510人	約3,720棟が倒壊	約3,270人が避難
大槌町	767人	約950人	全市街地が壊滅	約5,370人が避難
宮古市	414人	約360人	約4,680棟が倒壊	約2,420人が避難

被害の規模は想像を絶していた．堤防が破壊され，多くの平坦地が瓦礫となっている．広がる被災地で，瓦礫のありさまは，分別され比較的片付いて山になっている場所と被災時とあまり変わらない，バラバラでそのまま放置されている場所がある．自衛隊，ボランティア，行政等の支援活動の差か，あるいは作業の順番によるのか．陸前高田市では約6,000戸が断水している．

今回の調査では避難所に行かなかった（あえて？）こともあるが，ときおり小

雨が降る曇天の下，被災地一帯は土曜日の昼にもかかわらず人影がまばらであり，奇妙な静けさがあった．荒れ果てて広がる平地に立つと，言葉も出ない．仮設住宅の建設も分散した空地を埋めるようにして進められている．斜面地が多く適地の確保が困難であることは十分に想像がつく．

宮古市の田老地区では，大津波で明治期に1,867人，昭和初期に911人を失い，この教訓から10mの高さの堅固な防潮堤を築き，X字に整備していていたにもかかわらず，今回も181人を失っている．防潮堤も部分的に破壊されている．背後にあった平坦地の家屋はすべて壊滅した．低層の鉄骨が剥き出しになったホテルが孤立して残っている．

どう考えていけばよいか，チームで議論した．防潮堤の機能は限定的で，将来に再び来る大津波による冠水は避けられないとすると，まず逃げられる，生き延びられる仕組みを構築すること．ソフト面では避難活動組織の強化，そしてハード面では津波被害を軽減する人工土地（1階部分はコンクリート構造で非居住の用途，2階部分以上に居住機能）の建設がとりあえず思い浮かぶ．

● 2011年5月29日：一関市から気仙沼市，南三陸町，女川町，石巻市をまわる．被災状況は表5.2のとおりである．

表5.2 気仙沼市～石巻市の被災状況（5月21日現在，朝日新聞）

地名	死者	行方不明者	住宅状況	避難状況
気仙沼市	935人	約590人	中心部で津波被害	約4,400人が避難
南三陸町	514人	約660人	約3,880棟全壊	約4,030人が避難
女川町	474人	約580人	住宅3,020棟全壊 平地はほぼ全滅	約1,490人が避難
石巻市	2,964人	約2,770人	約2万8,000棟全滅	約8,780人が避難

一関市のホテルでは各地から来たボランティアや様々な団体の人々が同宿し，ごったがえしていた．現地は想像を絶する被害である．気仙沼市では広い範囲で地盤沈下が起こっている．港に面した漁村，農地，市街地は軒並み破壊されている．至るところで目にする瓦礫の集積・整理現場は程度の差はあるが，3か月近くが過ぎての現状は「あまりにもひどすぎる」から「ひどすぎる」へと変化したにすぎない．木造家屋の壊滅的な塊，横倒しになったコンクリートの建物，打ち上げられた船，積み重なった車—何故あんなところにあるのか，といぶかるよう

なありさまである．海に面した谷地の集落では，高台の住宅地から下るにつれて次第に部分破壊から全壊まで様相は激変し，高低差が津波被害の程度を明確に示している．30 m を超す高さの破壊波は明暗をくっきりと分け，まことに不条理である．各地から参集したボランティアや，自衛隊，警察が後片付けをしているが，広範囲に広がる被害地では点の動きにしか見えない．石巻市では地盤沈下や家屋崩壊など地震による被害も散見される．交差点の信号機が機能せず，まだ電気が通じていない地区がある．女川町の破壊された役場は瓦礫で埋まっていた．

● 2011 年 5 月 30 日：東松島市で社会福祉協議会を訪ねる．この場所も一時は被災者の仮の宿泊所となった．幸いにも自家発電が機能したので低体温被害者の応急措置が可能であった．社会福祉協議会では当面のお見舞い金として 10 万円/人を支給している．東洋大学生のボランティアを 100 人単位で 8～9 月に受け入れることについて段取りを相談した．市の 2 階に設置された対策本部で話を聞いた．仮設住宅は当初 3,000 戸の予定であったが，賃貸の借り上げ住宅が加わることになったので，合計で約 1,800 戸を 7 月下旬までに建設する．この入居に際しては復興を円滑に進めるため，地区別の住み分けについてもある程度配慮したい．復興計画は 6 か月後を目指して立案する予定である．義捐金はこれから全壊，半壊の罹災証明に応じて支給する．市域の半分が平坦地であるが，津波の被害範囲はその 7 割以上を占めている．海岸沿いで全滅し，瓦礫に埋まってしまった集落の住民からは既に集団移転の話がもちあがっている．

● 2011 年 11 月 1 日：大槌町の仮設庁舎訪問．前町長を含め 2 割以上の職員が亡くなったこともあって，他地域と比較すると進捗状況には遅れが目立つ．現在 10 の地区に分けて協議会を組織し，10 月以降，それぞれの地区で復興計画策定に向けた「参加型」の懇談会を実施している．しかし，住民も協議会への参加は初めての経験で，とまどいがあるようだ．計画案については，コンサルが作業に関わっているが，政府・県の定めた①防潮堤の高さは 14.5 m，②住宅は高台移転か平坦部では 5 m の嵩上げ区画整理地での自力建設，③将来津波により被害が生じる平坦地は原則，産業用地か公園として整備，をそのまま前提としており，年度内での事業着手を優先させようとする行政の意図がうかがえる．

● 2011 年 11 月 2 日：陸前高田市長洞地区の仮設住宅地にリーダーを務めるＭさんを訪ねる．長洞地区は，被災後，離絶された地域として 1 か月近く共同の炊事で集団生活を維持してきた，住民の結束の強い地区である．全 60 戸のうち，被災

した26戸が自ら仮設住宅建設地を集落の中に確保するため，行政へ働きかけ実現している．この過程を東京のプランナーグループ「仮設市街地研究会」が支援し，新聞やテレビを通じて全国に放送されたことも強い後押しとなった．仮設住宅地区は，同じ地区の住民で小規模に構成され，集落内に土地を借地し，集会所を併設し，隣接して小広場を確保した．他に見られる狭隘で画一的な住環境ではなく，オープンな小広場には豊かな雰囲気が充満していた．Mさんは，集落の状況について「① 長洞集落は三世代住居が多い，子供から老齢者までバランスよく構成されていることが，持続的なコミュニティ維持につながっている（遠洋漁業の漁師，大工など一部出稼ぎはあるが）．② アワビ漁に出れば，30万円の小遣いになる．その利権（漁業権）が欲しいから住み続ける人がいる（これが集落に人を惹きつけている要素になっている）．③ 高齢化，人口減少が進む他の被災地と比べて当地区では年齢構成が比較的偏りがない．④ 祭りの際には各自がまとまってにぎわいを盛り上げたが，それも孤立状況を乗り越える要因となった．」と説明してくれた．

市では9月頃から住民協議会を開催してきており，昨日に復興計画の懇談会は終了し，12月に向けてまとめの作業に入ることになっているが，住民参加型の協議方式は形式的で一方的な説明に終始し実質的な議論がなかったなど，批判もあるようだ．① 防潮堤の高さは12.5m，② 高台移転かまたは5mの嵩上げ地での住宅の自力建設，③ 被災地で災害危険区域に指定された地区は原則，産業用地か公園を，という政府・県の方針をそのまま前提としている．平坦に広がる被災地では，もう7か月一切の経済・生活活動が行われていない．瓦礫を片付けた上で計画・事業が正式に決定し，数年後に工事が完成するまではなにも手をつけないという．しかし，できるだけ早期に平地におりてきて，仮設の建物で産業活動を再開していかないと，地域構造の再生は困難になるのではないかと思う．

チームの議論では，強度が十分な高層複合建築を，防災拠点の機能も兼ねて，被災した平坦地に数棟建設し，それらが周辺の高台と架構できれば防潮堤の強化による景観の変容を防止できるのではないかというアイデアも出た．むろん戸建てに暮らす地域の居住習慣とは合わないので，いまの時点では説得力をもたないが．

● 2012年2月21日：きたかみ震災復興ステーション（北上市）で，関係者と岩手県の震災地域における現在の行政の取組み，被災者の生活と復興に対する意識

の変化，NPO・ボランティアなどの中間団体の関わりなどについて意見交換を行った．

「きたかみ震災復興ステーション」は北上市に避難された被災者の生活の再建を支援する目的で設立され，交流の場所を提供し，支援者に向けてボランティア案内，ネットワーク作りの活動を行っている．復興過程での課題について，次の2点が議論となった．第一に，仮設住宅の設置と入居は終了し，ある程度プライバシーや居場所は確保できたが，住環境やコミュニティ機能は十分整備されているとはいえない状態である．仮設住宅の供与期間は2年以内と定められているが，現在の状況からみて延長される可能性がある．このため，心のケア，生活支援，雇用，隣人同士の交流機会の提供などのソフト対策を進めていく必要がある．しかし，仮設住宅団地での仮住まい生活の継続や，被災で以前のコミュニティが解体されている状況である．第二に，いわゆるタテ割り行政や様々な理由により，国と自治体の施策がこの時点では明確になっていないため，被災者は，現在の生活はいつまで続くか，復帰した後の地域がどうなるか，イメージを描けず不安や焦りを感じ始めている．

● 2012年2月22日：大槌町仮設役場にてヒアリングを行う．行政としては，地域で復興を効果的に進めていくためには，事業を執行していく権限とともに財源の付与も必要である．地区別の協議会を通してまとめた基本的な復興計画は2011年12月26日に決定され，実施計画は2012年3月までに策定を予定している．現在，復興作業に追われているが業務量が増大し，マンパワーの不足が深刻である．多くの支援団体（ボランティアグループ）が入ってきており感謝しているが，同時に対応が課題となっている．仮設住宅団地は数十か所に分散して建設した．抽選方式のため，コミュニティ単位での入居は行っていないが，赤浜地区，吉里吉里地区など，従来から強いコミュニティを形成していた地区では比較的まとまっている．共同体的性格を有する漁村集落と，都市的生活が一般的にみられる市街地では，復興のプロセスにおいても相違があるようだ．前者は避難所での協働活動にみられるように，集落ごとにまとまった行動を示す傾向があるが，後者では生活の相違により復興への意見が異なり，コミュニティの分断（被災を免れた人，家族を失った人，財産を失った人それぞれに立場が異なる）や解体化がみられる地域もある．その一方でNPOの支援を受けて，自立に向けた新たな活動を行う比較的若い住民によるネットワーク的な組織も生まれてきている．

● 2012年2月22日：大槌町第5仮設住宅団地サポートセンター（和野っこハウス）でヒアリング．市街地から車で20分の時間距離，農地一帯を整備し，約300世帯が9月から入居を開始し，抽選方式により各地区から集まっている．自治会があり，民生委員もいる．現在，地区内には仮設店舗として，酒店，魚店，美容院，スナックが開店している．移動販売車も来る．いずれの団地にも共通していえることだが，仮設住宅は狭隘であり，被災以前の住まいとの落差は大きい．とくに高齢者の疲労の蓄積が課題である．オープンスペースも画一的で，列状配置の団地はにぎわいもなく寒々とした印象がある．通学は通学バスを利用している．サポートセンターではボランティアの協力を得てサロン活動，手芸教室，健康体操，料理教室などを開催しているが，何をやればよいかまだ手探り状態にある．

● 2012年2月23日：宮古市田老地区タロちゃんハウスにてヒアリングと協議．田老地区は，既述のように過去の大きな津波被災から，対応策として10mの防潮堤が建設されていたが，今回も壊滅的な被害を蒙った．地区の北方，台地上に位置するグリーンピアの仮設住宅地では約400戸が居住しているが，行政が推進する防集事業による高台移転派と，嵩上げしてでも現地に住みたいグループに分かれていた．仮設住宅での生活についても，①漁業従事者や一般職従事者など就業先，②高齢者や壮年，若者など年齢層，③単身者や核家族などの家族構成，④田老での居住歴等で，様々に異なる意見があるようだ．理由の1つとして，当該地は十分な空間的広がりがあり，仮設店舗等も整備されているので，「仮設市街地」的な性格をもっておりそのまま居住地開発の選択肢となるからではないか，と思った．事業の解説パンフレットをみたが，防潮堤の高さや規模，移住地の位置・環境，住戸の規模や配置など専門的な知識を必要とする内容については，現状の行政による一方的な通知，説明を改めて，参加者全体を巻き込んだ十分な協議が求められる状況ではないか．

● 2012年6月3日：山田町の漁港，大槌町市街地，釜石の市街地の状況をまわる．瓦礫は一掃されたが，むき出しの平坦地が続く．山田町では港で漁船の修理をしている漁師にヒアリング．70代，妻と孫の高校生2人で住む．息子は建設労働者で，その妻は実家の手伝いで別居している．既に町では復興計画を立案しているが，この実施可能性について，彼は行政のリーダーシップが見えないことから疑問を抱いていた．仮設住宅に住む壮年層や若年層では復興事業以外に確たる仕事がないことから，将来には生活資金のめどがたたなくなる不安がある．晴天

の下，湾には養殖の筏が面的に広がり，復興のステップがようやく始まったという印象を受けた．大槌の市街地では仮設の復興食堂や「おらが大槌夢広場」という情報発信拠点を，住民が主体となって構築していた．旗が風になびき，いかにもこれから再生という心意気を感じた．釜石の商店街は以前市街地の環境調査を行ったこともあって，昨年 5 月には個別の家屋の破壊の凄まじさに圧倒されたが，建物の撤去による空地と修復による再建とが交互に混在しており，全体としての復興はこれからという印象を受けた．鵜住居地区の宝来館でお会いした女将は，「森に囲まれた大槌湾を観光の拠点にしたい．東北の復興には外部からの資金，知恵や持続的な見守りが必要」と強調された．夜，グリーンピア周辺に居住する仮設住宅の住民と意見交換．支援活動を行っている NPO のこれからの方針や市の対応などについて議論する．

● 2012 年 6 月 4 日：田老地区をまわる．仮設の倉庫などを設置し，港湾地区の整備が始まっている．大槌町では仮設店舗団地をみる．駐車場を囲むように数十の様々な店舗が 2 階建の建物内に連続しており，まとまった印象を抱いた．昼過ぎ大槌町役場で意見交換をする．参与の S さんは大槌町の住民参加型の復興プロセスについて，「現在のところ順調であり，復興モデルを構築しつつ町全体の動きを ① 社会実験の場，② 行政技術の更新の場，として捉えたい」といった．

● 2012 年 8 月 19 日：大槌町で仮設店舗街，スーパーマーケット「マスト（復興作業に際し地域住民に活動の場を提供）」をまわる．休日ということと，前日までお盆で祈念イベントが各地であったようで，一転して静かで人気がない．午後は田老地区仮設店舗「タロちゃんハウス」内で田老地区のまちづくりについて被災者と意見交換．田老は原則として高台移転を決定しているが，中には移転を希望しない，このまま仮設住宅で居住を継続したいという意見もあるようだ．生活と仕事の確保が第一であるのはわかるが，被災からわずか 1 年半では「心のキズ」の整理も難しい．公共事業のメニューは住民説明会の際に資料として配布されているが，専門的な内容が主で，刻々と変化する現実を踏まえて短期，長期のニーズに対応するにはやはり時間が必要である．

● 2013 年 10 月 13 日：釜石市栗林仮設住宅集会室にて，グッズを制作している被災者やそのお母さんによる自主グループ「レインボー」との「販路確保支援」に関する意見交換とワークショップを実施した．ワークショップでは，「防災と復興まちづくり」をテーマに，① これまでの生活上の苦労，② Bridge や大学との交

流のありかた，③ 栗林地区，鵜住居地区の復興まちづくりの展望などに関して議論が行われた．居住者からは，長期の仮設住宅居住における狭隘さや音の問題があげられ，疲労の蓄積について感想があった．コミュニティとしてのまとまりはない．また行政による復興事業についても一方的な通知に終始し，実感が伴わないとの意見があった．

● 2014年1月27日：宮古市から大槌町へ．田老地区では港に隣接する山を削って高台移転用地を建設する工事が始まっている．山土は被災した平坦地の嵩上げに使用するのだが，樹林に覆われていた緑の山が，一転して土がむき出しになるのはいかにも痛々しく感じる．また，眼下に被災の状況を思い起こさせる風景を見ながら暮らすことに抵抗を覚える人もいるという．田老地区の被災者 4,000 人のうち既に 1,000 人が地区外に移転している．掲示されている計画では，巨大な防潮堤に囲まれた窪地状の宅地や，広がりのある空地（公園？）が目についた．大槌町は現在約 20％の人口減となっている．仮設団地のサポートセンター「和野っこハウス」でヒアリング．310 戸の仮設団地であるが，既に 22 世帯が公営住宅に転居している．被災者の生活自立が復興の基本的な方針であるが，暮しを立てていく上で，大きな課題は仕事がないことである．土建工事に関する求人はあるのだが，そこには長期的な展望がない．狭い仮設住宅（30 km^2/戸が平均）での居住は，狭隘や騒音などにより疲労を蓄積させている．ボランティアも現在では往時の半数以下となっていて，活動が維持できないという．自治会が機能していないのでまとまった行動をとりにくい．支援員は全体で 17 名いるが大半がボランティアで勤務も交代制である．高台に移転する防災集団移転促進事業（防集事業）にはほぼ半数が同意しているが，自治体に賠償される土地価格は往時の半分（坪 8 万円→4 万円）と評価されていて一部に反発もあるようだ．また移転予定先の土地所有者の買収同意も，地価の高騰もあってうまくいっていない．大槌町の「マスト」で各地区の復興計画資料を収集する．計画図では海に面した台形の防潮堤の背後に確保された移転促進区域の中に，地区の想定人口には不釣合いな大きさの公園の整備が予定されていた．

再建された鵜住居の宝来館を再び訪ね，復興の事業の進捗や支援のありかたについて意見交換．長い歴史の中で培ってきた「海のそばに暮らすこと（漁業，観光ともに）」を維持していきたい．このため防災対策としては避難路の設置をまず優先することが必要である．

夕食時に遭遇した釜石市役所のS氏は，復旧事業の担当者として行政の指揮をとられた方であるが，被災当時はその対応をめぐって住民からの非難も多く，精神的に苦労された．そうした経験を踏まえて，現在の結論として「まずは，生き延びられることが第一」と強調した．豊かさは，こうした地域では「海のそば」にある．そして同時にその地域が最も防災の前線にある．日本のまちづくりのありかたを改めて考える必要を感じた．

● 2014年1月28日：大船渡市から陸前高田市へ．被災した平場一帯では周辺の山を掘削し盛土・整地の大規模な土木工事が進んでいる．大きな機械が導入され，ダンプが行き交うたびにホコリが舞う．いたるところに盛土の山が見られる．以前に稠密な市街地であった記憶を思い起こさせる場が失われ，なんとも殺風景な状況が展開している．被災者からはこの光景を見るたびに「無力感」にさいなまれるという発言もあった．現在，被災者の25％が仮設住宅に居住しているがその空き家化も進んでおり，行政は利用の枠組の変更を打ち出している．防集事業で建設される住宅は470戸，公営住宅は1,000戸が9月に完成予定である．市内で復興支援事業を行っている職人工房のN氏を訪ねる．現地の若者とともに瓦礫のプラスチックをキーホルダーにして販売し，現在は食堂喫茶（カフェ）を自営している．中小企業庁のグループ支援事業により建てられた仮設事務所を借り，そこでは10名の従業員が働いている．現在，陸前高田市も人口の流出は2割を超えている．女川町では被災者の4割しか戻らないという（調査報告）．N氏は若者がなんとか地元にとどまれるよう，カフェを人の集まる場所にしていきたいという．りんごを使ったワインの製造などにより地元発の起業を考えている．しかし，ハードな土建事業が先行し，ハローワークには仕事があるが，日常的に馴染んでいた仕事はなく，結果として域外に次第に転出している状況が続いている．地域の平均所得は13万円で，家賃は7万円と相対的に高く，これも流出の原因となっている．

● 2014年1月29日：石巻市へ．NGOとして復興ボランティアを組織し支援活動を継続しているピースボートを訪問．石巻市も若者の流出が続いており人口は15万人（2013年）．基幹産業であった水産加工業は従前の50％が再生．ボランティア活動も縮小傾向にある．石巻のピースボートは，① 漁業支援滞在型のイマ・ココプロジェクト，② 事務所スペースのコミュニティへの開放，③ 仮設団地への広報新聞の配布などの活動を行っている．石巻の被災は都市災害の性格をもつ．長

期にわたる復興事業の過程で被災者と非被災者との微妙な関係が時間の経緯とともに顕在化し，被災者団地の残余化が起こる可能性も指摘される．その後，南相馬市で企画課を訪問し，復興状況に関する資料を収集．飯舘村を通過し福島着．途中放射線量の高さ（1～1.5マイクロシーベルト）に緊張する．

5.3 被災地の課題と展望

　被災地域は広範囲で地理的状況，経済的状況もそれぞれに異なるが，調査地域についてみると，海に面した数百mから数kmの広がりを有する入江に接した平坦地を急峻な山が囲む典型的なリアス式地形であり，歴史的に漁業が基幹的な産業として成立していた．周知のとおり，全国的に展開する都市化，サービス産業の進出に伴う産業構造の変化により，地場産業は停滞し人口の減少・高齢化－過疎化が進行していた．同時に，1990年代に始まる地方分権化が後押しするかたちで財政基盤の立直しを図る市町村合併が完了していた．保守的な政治基盤が色濃く残る地域では，従来の伝統的な自治については自律的であっても，財政負担を伴う公共事業に関してはトップダウン的な政治主導が半ば慣習化しており，加えて職員数の整理を前提にした広域化により行政サービスの低下が課題となっていた．

　いままでみてきたように，大津波による被害は壊滅的であった．復興の推進主体である自治体では，従来の予算の数十倍に上る復興予算をもとに事業を進めている．平地では大きな機械がフル稼働して地盤の嵩上げ，移転先の高台住宅地の確保のため周辺の山を切り開いた造成工事が大規模に展開しつつある．今後防潮堤の建設も本格的に開始する．一方で，こうしたハード事業の進行は公共事業を推進する従来の「土建国家」の再現イメージに重なり，避難地に留まる被災者にとって複雑な思いを抱かせている．被災の記憶が消えず，自分の立ち位置が整理できないままに限られた時間の中で復興計画に「合意」したものの，これまで密接なつながりをもっていた「海」の見える「記憶」が刻印された地域が消滅し，平板で画一的な土地になるのではないか，帰還する住民の減少により移住地には空き宅地が多く発生するのではないか，全体として，集まりつどう地域の復興につながるのか．一部に新たな試みがみられているものの，そして現在の進行が自治体をはじめ各関係団体のひたむきな努力によって行われているにかかわらず，

被災者の期待との相互のズレが大きくなっている．

　被災地の課題と展望を二つの視点，「復興事業の進捗状況」，「被災地の生活再建」からみていこう．

　第一に，復興事業の進捗状況について，被災者の居住地の選択は，① 避難所への移住（3か月）→② 仮設住宅＋みなし仮設住宅（最大5年間）への入居→③ 公共事業を基盤にした居住地の確保：高台集団移転（防集事業）地や嵩上げ市街地形成（区画整理）での自力建設，公共住宅（災害公営住宅）の建設，あるいは被災を免れた地域での自力建設へ，と進む「公的プロセス」が共有されている．まず各段階では次のような課題が指摘される．仮設住宅では過密や騒音，居住環境の水準が問題であり，加えて長期にわたる居住が予想されるため，仮設住宅の構造の見直しやコミュニティの組織化が必要となっている．域外での生活再建を図る世帯の転出，高齢者の増加などは今後の復興計画のフレームに大きな影響を与えよう．また，住宅の建設・移住や地域活動の基盤となる公共事業は世代間や，就業による生活の相違，将来への不安などから，多くの地域では未だ合意に至ることができず，加えて賃金ベースの上昇もあり，工事の着工が大幅に遅れている．500～1,000年に1度の津波（L2）で2m以上の浸水が起こる地域では「まちづくり」はしないという原則が，当初打ち立てられた．しかし地域ごとに事情は異なる．国や県を通して防潮堤の高さ（岩手県では15.4m）が提案されたが，この高さが海への視界を遮ることで，非日常的な津波に対する防災対策としてはたして十分なのかといった基本的な疑念が指摘され，計画の基準が地域の実情に必ずしも合致せず議論が分かれている．防災集団移転事業の適地選定においても厳しい地形条件や，所有者の不明，地代の高騰により土地の確保が困難になっている．旧市街地の嵩上げ区画整理による再建もビジョンの共有化が十分とはいえず，地籍の確認，地盤の高さの設定や減歩の程度，自力住宅建設の原資となる災害避難地域の買上げ価格を巡って，被災者との交渉に困難な作業が続いている．従前の価格の半額を提示された高台移転予定者は，長引く仮設住宅での居住による蓄積された疲労を考えると，それで手を打つしかないという状況に追い込まれている．

　公的で緊急性を要する「人命第一の復興事業」の執行を担保せざるをえない自治体にとって，防潮堤建設を前提とした一律的でワンセットのインフラ公共事業は，一方で，時間的制度的な制約やマンパワーの不足があるとしても，また事業内容が必ずしも地域の実情と合致しないとしても膨大な復興予算の獲得につなが

るので，選択の余地がない状況に追い込まれていた．また，地方分権の「建前」から，たとえ形式的な結果をもたらすにせよ，被災住民の「参加」の言質を前提として計画策定のプロセスに予め協議会を組み込む必要があった．政府の支援による一連の大規模な公共事業は，縦割りの体系の中であらかじめ基準が設定されており，これを満たせば許認可手続きを経て工事が開始されることになる．従来財政的に課題を抱える小規模な自治体では，事業申請の期限が迫る中で，地域の事情を斟酌する時間がないまま結果的に大手コンサルや建設会社に頼って計画策定や事業が開始される様相が垣間みられる．

こうした状況に一定の理解は必要だが，みてきたように，とくにインフラ事業の計画に沿った実施は必ずしも地域の実情を反映したものとはいえない．一連の事業が将来的に地域の持続的な発展を目指すとするならば，現時点で，減少している人口の流動を的確に捉え，既成の制度や方法論そのものの見直しを含めて，あらゆる可能性を模索すべきときではないか．復旧事業は原則として環境アセスメントの実施が求められていないと聞くが，これも事業の責任を曖昧にするので問題である．1993年の奥尻島地震の復興事業では，比較的迅速な支援により防潮堤（11 m），人工地盤，避難路，高台移転地造成等が行われたが，景観は一変し，漁業の衰退，人口の減少は続いている．

被災者のヒアリングの際には，「防災を最優先して計画された高台移転や嵩上げ区画整理は行政のエクスキューズではないか」，「最終的にどのような街になるのか不安がある」，「1,000年に1度の津波であるとすれば，長期的には＜高台移転→平場への移動＞の繰返しが起こるのではないか．だとすれば，これまでの居住地に継続して住み，平地からの避難路の整備を最優先し，周辺の丘や強化された中層の防災避難住宅へ集団で逃げられるようにすれば済む」，「平地の限定的利活用（産業，防災避難活動）に幅をもたせてはどうか」といった意見も多く聞かれた．

第二に，被災者の生活再建について，現在およそ27万人が避難状態にある．復興事業の完成までの期間（5年以上）を勘案すると，どのように生活を維持していくかが大きな課題である．加えて個別の現場には困難な課題が山積している．教育・医療・福祉分野への支援は依然として後追い状態にある．また，震災復興に関するメディアの取上げ頻度や，ボランティアの数がめっきり減少してきているのも問題である．繰り返すようだが精神的にも物的にも被災者の疲労・苦境は

5.3 被災地の課題と展望

深刻さを増している.

まず,「しごと」の再生・創生である.漁業の早急な再建が喫緊の課題であろう.もとより漁獲量の減少,従業者の高齢化,漁協の旧い体質による硬直化が課題であったが,世界の三大漁場であり魚介資源の活用は大きな可能性を秘めている.復興支援を通して全国（世界）の消費者（支援者）とつながることで,販売網を拡大させ,地域の価値をアピールしていくとともに加工業,サービス業との連携のもとに,6次産業化（漁業×加工業×販売）を推進し,漁業の再建を図っていく.既に一部ではこうした試みが見られる.三陸海岸の豊かな景勝はこれまでも観光資源として活かされてきたが,今後もその可能性は大きい.政府のインバウンド政策も追い風となっている.行政,住民,民間団体が出資して,復興事業や起業支援などに関わる多様な仕事を一括して請け負う「まちづくり会社」のような組織の構築により,観光業と連携し,地域からの発想で文化の伝達,交流の推進につなげていく.また,被災地の産業振興に共通していえることだが,地域の地理的条件や歴史的条件を活かすには,外部資本の導入による大規模な産業開発を追求するのではなく,関係団体によるプラットフォームの構築を行い,これまで地域で蓄積してきた人的,物的ストックや潜在的な資源の豊かさを再認識し,域内循環の観点から根本的な見直しを図り,新たな起業を起こしていく.現在,全国的に都市を脱して別の生活を求める「田舎暮らし」が密かな流行になっているが,多様な分野の関係者で組織され,地域が拠点となりITを活かしたネットワークにつながる若者達のこのような試みが,次第に拡大していくことに先取の可能性を見出せるのではないか.

次に,「にぎわい」の再生である.旧市街地の店舗の再開は区画整理事業の期間中,移住が禁止されていることから,顧客の減少が見込まれ,商業機能の分散もみられるなど困難な状況にある.大手スーパーチェーンの進出による購買行動の変化も市街地の変容をもたらす可能性がある.一方で,既述の「まちづくり会社」の組織化と,広域的なネットワークの確立により,シャッター商店街を再建した手法が先進地の成功例として注目され,一部の被災地域では既にこれに習い事業化が進められている.地域の中心ににぎわいを再生するには,ソフト面では,祭りなど伝統行事への参加を地域一体となって推進していくこと,ハード面では全体として外部空間の魅力（景観）を地域の固有の要素をもとにデザインし,戸外に出やすい職住の混在した環境−拠点性のある生活世界の形成を,住民の広範な

参加により実現していく必要がある．

　以上，復興過程に際し，様々な角度から課題とその方向について述べてきたが，これらはいうまでもなく被災地全体からみれば一部に過ぎない．早期の解決を望む被災者の疲労を考えると逡巡せざるをえないが，仮住まいの環境を個別の生活要求に応じて改善するとともに，長期的な視点に立って被災者を含む住民の実質的な参加をもとに，地域の現状と計画・事業のズレを見直す必要があるだろう．

　関連して次の4点を強調しておきたい．① コンパクトシティ（市街地の集約化）を目指し，15世帯程度の小グループでの組織化[2]を公的に支援・認可し，居住地選択等自主的な生活再建を可能にする（被災者に向けた直接支援制度）．② 従来の地域空間特性を活かし，用途混合的な市街地や居住地形成（混住環境）を可能にする（地域特性の再生）．災害公営住宅地においても同様な適応を図る．③ 日常生活を担う女性や将来を担う若者の事業参画や起業化を積極的に支援する（地域活動の活性化）．④ 地域主体の観光振興を図り，交流人口を増加させて，開放的な地域づくりを行う（新たな産業展開）．

　さて，この大震災からの復興課題は，視点を広げてみれば日本の新たな方向をも示唆している．未だ経験することのなかった全国的に進展する少子高齢化は，政策の抜本的な転換を余儀なくしている．今後は，グローバルな経済社会の交流を維持しつつも，① 高度成長期以降に蓄積されてきたインフラの修復，② 膨大な負債を抱える財政の再建，③ 高齢社会における福祉政策の充実，④ 資源循環による地球環境の持続性の確保が，大きな課題となってくるだろう．同時に，これまでの高度経済成長期に培われてきた消費社会（大量生産・消費・廃棄）に基底された「都市的生活スタイル」の見直しが，持続的な地域社会の形成に不可欠の条件となる．対応するように，被災地＝過疎地においても，いわゆる東京への一極集中に現象され，必然的に生み出されてきた過疎地の捉え方（人的，物的資源の一方的な流出）を脱して，地域に根拠をもつ新たな生活スタイルの模索が，小さな試みではあるが既に始まっている．

　周知のように膨大な予算が計上された復興事業だが，従来法の下での平等性の担保から，生活再建への部分的な支援金を除けば基本的に被災者個々への対応はなされていない．一方，みてきたように，ハードな事業の実行過程では期間限定の仮設住宅の大量建設，地域とのマッチングが問題となっている巨大な防潮堤，硬直的なプロセスの変更が難しい各種インフラ公共事業など，膨大な費用供出や

適地性の観点から疑問の声も聞かれる．繰り返すようだが，復興イメージは必ずしも地域で共有されているとはいえない．ハードを中心に投下される膨れ上がった予算を，地域からの発想のもとに見直す（新たな公共性の構築）中で，上記のような個々の多様な試み−ソフト面への傾斜配分を強化することになれば，内発的な地域づくりがより具体性を帯びてくるのではないか．

注

1) チームの主なメンバーは，安　相景，川澄厚志，高橋一男，山中公一（以上東洋大学），宮崎道名（新潟大学），宮島良明（北海道学園大学）である．
2) チームにはアジアのコミュニティ開発における小規模集団の機動性についての研究蓄積がある．

6. 社会福祉の内発的発展
―― 日本と中国の事例を参考に ――

6.1 社会福祉研究における分析視角としての内発的発展

　広義の「福祉」は，人々の生活上の「必要」が一定程度の満たされた状態にあること，ということができる．満たされた状態にするためには様々な経路や方法があり，経済発展によって生活水準を向上させることで生活上の様々な必要を満たす場合もあれば，住環境やインフラの整備によっても「福祉」を向上させることができる．なかでも，人がそのライフステージやライフコース上で遭遇するリスクへ個別に対応し，その人の生活を満たしていく局面をとらえて，狭義の意味で「福祉」と呼んでいる．例えば，子どもが大人による保護を失ったときや，病気や障害やそれ以外の理由で生活が経済的に行き詰まり，ひとりではモノを食べ，着替え，移動するといったいわゆる日常生活動作ができなくなったときに，その個別の必要を養護や所得保障，介護などで満たしていくことである．

　狭義の福祉に着目すれば，福祉は，本来，内発的に発展すると主張できる．第一に，人の生活はそれぞれであるし，生活する社会もその発展段階もその中にある関係性も千差万別だからである．外部からの刺激よりも，今そこにある必要性をその社会で可能な方法で対応していかなければ，継続し，定着し，発展していかない．第二に，こうした必要は「個人的」であり，個人的な必要を満たすことは，自身と近親者，縁者で解決していくことが社会規範となっていることが多いからである．このような社会では，外部からの個別的な援助は公平感に照らして望ましくないとされる．こうした社会規範の中で，自らの「必要」を表出できない場合も少なくない．これらを一つひとつ拾いあげ，その社会の中で満たしていこうとすることは，必然的に外部からある程度の規模で取り組むことは難しくなる．第三に，「必要」はその社会の文化や社会，経済によって変わる本質的に相対

6.1 社会福祉研究における分析視角としての内発的発展

的なものであり，本人の価値の捉え方によっても変わる主観的なものである[1]．外部からみた「必要」は，その社会や当事者にとっては満たす必要のないものかもしれない．この意味でも，福祉は外部からの介入が難しい．第四に，援助をしようとする外部の者が所属する社会にも満たされるべき必要が存在し，その解決が優先されることも多々ある．したがって，狭義の「福祉」に対して外部から刺激，介入，援助していこうとする試みは，継続，定式化されにくく，比較的マイナーな取組みや一時的な取組みとなることが多いといえるであろう．

ところで，西欧の実現した近代化を，非西欧の後発諸国・旧植民地諸国も違うコースで実現すると考える近代化論に対して，鶴見和子は，それぞれの地域の自然生態系と文化に従って，住民が創意工夫によって発展の道筋を作り出すことを内発的発展論として提唱した．さらに，近代化論では一般理論を軸に社会の発展を分析することが可能であるが，内発的発展論の場合は，実例を丹念に拾い上げ，低い段階から高次の一般化へと徐々に理論を構築しなければならない，と述べている[2]．西欧諸国においては，経済的，政治的，社会的，文化的近代化を追うように「福祉」が社会的に取り組まれ，展開してきた．工業化（産業化）と労働市場の発達，国民国家の成立，都市化，家父長制家族の崩壊や社会階層構造の平準化，世俗化と科学等によって，社会福祉が形をとり，変化し，展開してきたといえる．ヨーロッパやアメリカなどを典型例とするいわゆる先進諸国で展開したこのような社会福祉の生成，発展に対して，日本の社会福祉はやや遅れて発展し，他のアジア諸国では現在進行中である．そこで，本章では，日本とアジア諸国の事例として中国を取り上げ，両国における社会福祉の発達とその展開を捉え，内発的発展の分析材料としたい．

日中両国の分析に入る前に，西欧諸国における近代以降の社会福祉の発展について確認しておきたい．近代以降の福祉への社会的取組み（社会福祉）は，慈善事業や博愛事業が，社会・経済の発展の中でその課題と範囲を拡大し，次第に国民全体の生活問題との関わりを広げていく過程の中で発展してきた[3]．政治経済学者ウィレンスキーとソーシャルワークの研究者ルボーは，アメリカ合衆国における産業の発達によって，社会福祉事業を当初は家族の事情や不況などの特別な場合に生活を支える「補充的」なものから，「現代産業社会の正常な第一線の機能」として政府が主な役割を担う「制度的」なものへと展開していく過程を描き出した[4]．ウィレンスキーは，産業の発達に伴い高齢化に比例して社会支出を中

心として政府支出が増大するとする収斂理論も唱えているが[5]，いずれも産業化に伴う政府による福祉供給の増加を説明するものであり，福祉国家発達の経路として一定の支持を得た．さらに，こうした政府が供給主体となった社会福祉の発達に加えて，ティトマスは，イギリスやアメリカ，日本の企業福祉の例をあげながら，労働の業績や成果によっても必要が充足していく産業的業績達成モデルを提示し，民間営利市場においても社会福祉供給が行われていることを指摘した[6]．このように，西欧諸国における社会福祉は，産業化に伴い，政府や民間市場を主な供給主体として19世紀後半から20世紀に大きく発達してきた．

　こうした大規模な社会福祉の主流化や福祉国家の発達の一方で，「草の根」の慈善事業や博愛事業の広がりがある．そもそも，政府と市場による社会福祉の発達以前には家族や共同体を中心とした支え合いが福祉の中心的取組みであり，今なお家族は福祉の最大の供給主体である．先進諸国における近代以降の慈善事業や博愛事業は，宗教的，政治的活動，そして篤志家等個人の慈善活動に加えて，とくに19世紀後半，イギリスで救貧を目的とした慈善活動を組織化した慈善組織協会COS（Charity Organization Society）や，大学生を中心にスラム地域に住み込んで生活環境の向上を目指すセツルメントが発達し，主にイギリスやアメリカで大規模な組織へと発展した[7]．並行して，19世紀半ばにはドイツではエルバーフェルト制度が展開した．市民が無給の名誉職である救貧委員として地方自治体の救貧行政に携わる「公民」連携型の事業である[8]．

　こうした救貧事業に対して，既に中世から職人や熟練労働者達がリスクへの対応のために自助的，相互扶助的組織として自発的に設立した共済金庫や友愛組合がヨーロッパ諸国を中心に展開されていた[9]．こうした互助システムは，19世紀末から20世紀にかけて社会保険として国家によって制度化されていくが，自発的な社会的連帯による支え合いのシステムは，その後労働組合，生活協同組合といった社会的経済組織として定着していく．

　ペストフは，福祉トライアングルを用いて社会福祉の供給主体を国家，市場，コミュニティ，第三セクターに分類し，これら4つの供給主体が組み合わさった福祉混合（ウェルフェアミックス），福祉多元主義モデルを説明した[10]．現代の先進諸国における社会福祉供給も，ペストフが整理したこうした4つの側面を有している．

6.2 日本における社会福祉の発展とその内発的要素

本節では，日本における社会福祉の発達と展開を，前節で述べた社会福祉供給の各側面を念頭におきながら説明する．

6.2.1 社会福祉の生成から「福祉元年」まで ― 官製福祉の展開 ―

日本における社会福祉の発展は，おおむね西欧諸国の展開を追う形で制度的に発展してきた．しかし，急速な近代化や第2次世界大戦の経験が，日本の社会福祉構造の独自性を形作ってきた．公的制度としての貧困者救済を目的とした恤救規則は1874（明治7）年，明治政府発足後比較的早い段階で導入された．健康保険制度は，1922（大正11）年，労働運動の高まりの中で発足した．さらに戦時下に財源調達の意図と農山漁村の健民政策等を背景に年金制度や国民健康保険，母子保健制度が導入された．そして戦後，連合国軍最高司令官総司令部（GHQ）の政策によって生活保護制度等各種の福祉制度が整備されていった．国民皆年金・皆保険に代表される公的社会福祉（社会保障）制度の普遍主義的な展開は，1960年代に高度経済成長の中で着手され，1973年の「福祉元年」予算で明示された．

一方，明治期には，私財で窮民救済のために設立された小野慈善院や，英米の流れを受けたセツルメント運動等，先駆的な施設の開拓者や草の根の協力者達による奉仕活動が展開する．こうした活動は，貧困者の救済や貧困防止，犯罪者の矯正事業へと範囲を広げ発展し，1903（明治36）年には慈善事業家約200名が集まって全国慈善大会が開催され，1908（明治41）年には中央慈善協会が発足するまでになる．ところが，日露戦後経営の中で，中央慈善協会は発足当時から官僚主導の「公私一体組織」となり，戦時厚生事業の中で厚生省，大政翼賛会と連動して地方との連携を強めていった[11]．

これに対して，官民一体型の「ボランティア」制度も導入された．前述のドイツのエルバーフェルト制度を参照した済世顧問制度（岡山），方面委員制度（大阪）が大正期に発足し，地域の貧困救済にあたり，戦後民生委員制度として現在に受け継がれていった．また，戦後，中央社会事業協会へ名称を変更した中央慈善協会と恩賜財団同法援護会，全日本民生委員連盟が解散統合し，中央社会福祉協議会が設立された．設立は，GHQの指令と政府指導のもとに行われ，実態とし

て官僚を役員とする半官半民組織であった．この中央社会福祉協議会を全国組織とする社会福祉協議会が各市町村に設置され，民間社会福祉事業をとりまとめ，地域住民活動の育成，ボランティア活動の中心的存在となることを意図して活動を展開している．

6.2.2 福祉元年以降 ―「地域福祉」の時代へ ―

　1973年の福祉元年直後に起こった2度の石油ショックに見舞われると，欧米諸国では「福祉国家の危機」が唱えられ，福祉縮小の時代へと大きく舵を切った．日本では，1979年に閣議決定において，「欧米先進国へキャッチアップしたわが国経済社会の今後の方向としては，先進国に範を求め続けるのではなく，このような新しい国家社会を背景として個人の自助努力と家庭や近隣・地域社会等の連帯を基礎としつつ，…わが国独自の道を選択創出する，いわば日本型とも言うべき新しい福祉社会の実現を目指す」（『新経済社会七ヵ年計画』）とする日本型福祉国家論が示された．以降，個人，家庭，近隣・地域社会を福祉の供給主体として強調するようになる．さらに，第2次臨時行政調査会の答申では「活力ある福祉社会の実現」として，自立・自助，受益者負担，民間活力の活用が強調されていく．この中で，社会保障予算は削減対象となり，代わって民間市場を供給主体とする福祉が肯定されていった．

　そして，1990年代の経済不況と，高齢化の急速な進行の中で，政府は社会福祉基礎構造改革を進める．社会福祉制度において行政が一方的に利用できるサービスを判定し，応能負担によりサービスを提供する措置制度から，必要度に応じて利用できるサービス量・内容を判定し利用者がサービスを選択できる利用選択方式への転換が図られた．さらに，応益負担の考え方の導入拡大とともに，地域住民が福祉の利用者と供給者を務め，主体的に福祉の向上を図る「地域福祉」が強調された．こうした展開を踏まえて，武川は，現在は「地域福祉の主流化の段階」であるという．それは，法律でも，人口高齢化による日常生活においても，地域住民の間でも，また社協活動や地方行政においてもみられ，日本社会全体に広がる現象であるともいう[12]．

　ところが，実際にはこれまでのところ，「地域福祉」は必要を満たすには十分な機能を果たしていないようにみえる．これまでみてきたように，日本における社会福祉の発達は，政府主導または政府による強力な管理志向に特徴づけられる．

それは一方で，短期間に社会福祉制度の整備を図り，皆保険・皆年金を実現させ，民間福祉事業を組織化し，官民連携の効率的な「ボランティア」制度を整備させてきた．しかし，こうした手法は，一方で市民の自発的なバラエティにあふれた地域での取組みには目を閉じ，真にボランタリーで主体的な取組みを涵養する環境を創り上げてこなかったともいえる．社会保障審議会福祉部会では，2002年に地域福祉の発展的展開へ向けて，「社会福祉を限られた社会的弱者に対するサービスとしてではなく，身近な日々の暮らしの場である地域社会での多様な人々の多様な生活課題に地域全体で取り組む仕組みとしてとらえなおし，地域住民としてこれらの多様な生活課題に目を向け自発的，積極的に取り組んでいただけるよう訴えたい」と述べた報告書を提出した[13]．

地域福祉は内発的発展を基底とするものであり，日本における社会福祉は，ようやく内発的発展の主流化へ向けた途に就いたといえるであろう．

6.3 中国における社会福祉の発展とその内発的要素

本節では主に1980年代後半以後の都市部に限定して中国における社会福祉の内発的発展について述べたい．理由は以下のとおりである．まず，中国は計画経済から市場経済への移行に伴って様々な社会改革を行っている．1978年に改革開放政策が導入されて以降，社会福祉に関する改革が本格化し始めたのが1980年代後半からである．1986年には「国民経済と社会発展の第七期五カ年計画（国民経済和社会発展第七个五年计划）」において，初めて社会保障の概念が提起され，それ以降相次いで社会保障改革政策が打ち出された[14]．計画経済時代の社会福祉と市場経済時代の社会福祉では状況が大きく異なり，一律に発展を論じられない．そして，中国ではいわゆる農村戸籍と都市戸籍[15]に分けられていることからもわかるように，都市部と農村部では制度が大きく異なる．計画経済時代から社会保障は都市偏重の傾向があり，改革開放後も都市部において先に発展をしている．近年ではその違いが問題となり多くの批判を受け，都市農村の統合を目指す改革が行われ始めているが，緒に就いたばかりである．内発的発展を論じるには，まず都市部から試す必要があるだろう．

6.3.1 改革開放以後の社会変化

中国では改革開放以後，社会各方面において変化があった．ここでは，社会福祉に影響を与えた変化を5点あげたい．「単位体制」の崩壊，流動人口の増加，一人っ子政策，人口高齢化，ライフスタイルと価値観の変化である．

計画経済期にはいわゆる「単位体制」によって国有企業・事業単位が従業員とその家族の生活保障をしていた．年金を含む労働保険，医療，教育，住宅，生活サービス，各種福祉手当などの社会保障はすべて単位と呼ばれる職場共同体が提供をしていた．「『単位』を離れることは個人の生存の基盤を失うこととなった」ともいわれる[16]．しかし市場経済システムの導入以後，競争市場の実現と矛盾をきたすようになってきた．単位が丸抱えしていた福祉を，「社会」で分担する必要が出てきた．

単位体制が維持不能となると同時に，国有企業改革は一時帰休者を大量に生んだ．一時帰休者は実際には失業者であった．また，民間企業・自営業者も現れた．1980年代末には多くの農民が都市に出稼ぎに出る現象が起きるようになった．人口の流動性が高まり，出稼ぎ農民を主とする流動人口は増加の一途を辿り，2012年末で2.36億人[17]にまで上っている．つまり，国有企業従業員だけを対象とする企業福祉ではカバーできない人々が大量に生じた．

そして，改革開放と同時期から「一人っ子政策」が実施された．実際には，すべての国民に対して「一人っ子」が強制された訳ではないが，都市部では比較的厳格に実施された．出生率[18]は1980年の1.82から2005年以降約1.2と減少した[19]．必然的に家族規模は小さくなった．一人っ子政策に伴って，医療・衛生環境の向上，生活水準の向上などにより死亡率は低下，寿命は延び，人口高齢化が急速に進んだ．2000年に65歳以上人口の総人口に占める割合は7％を超え，中国は「高齢化社会」へと入った．中国における高齢化でとくに問題とされたのは「未富先老」という現象である．一人当りの所得で考えた場合，先進諸国が経済発展をしてから高齢化社会を迎えたのとは異なり，中国は「豊かになる前に老いる」こととなった．

最後に，ライフスタイルと価値観も変容・多様化した．就学・就職などで故郷を離れて生活する人々が増え，「空巣老人」と呼ばれる一人暮らしまたは夫婦のみで暮らす高齢者が増えた．2013年に全国高齢者事業委員会が行った調査では60歳以上高齢者のうち51.1％が「空巣老人」であった[20]．一方で，高齢者間でも格

差は拡がり，購買力のある高中所得者層は安心感[21]や高い生活水準を求め，質の高いサービスに対する需要が高まっている．伝統的高齢者扶養観は一部変化をしつつある[22]．

6.3.2　社会福祉の発展 ―「社区」と民間高齢者施設―

　前述の社会変化に対応して，中国では受給対象者の拡大，提供主体の多元化，サービス内容の多様化を大きな方向性として社会保障改革が行われた．その方針は，2000年2月27日に公布・施行された「社会福祉の社会化をより早く実現させることに関する意見（关于加快实现社会福利社会化的意见）」によって確定された．計画経済時代の国家－企業が一体となって一部国民の福祉を丸抱えするという体制から，広く全国民を対象としつつも責任は多元的に分担し，生活水準に応じて多様なサービスが選択可能となる体制へと変化したのである．以下では〈提供主体の多元化〉と〈サービス内容の多様化〉を示す2つの事象について述べたい．前者は政府・企業・家族以外の福祉供給主体として注目された「社区」（地域コミュニティを指すと同時に末端の行政区域でもある）であり，後者はシルバー産業としての民間高齢者施設である．

　「社区」とはもともとcommunityの中国語であり，日本でいう地域・コミュニティと似た意味をもつ．しかし，社会管理と社会福祉の担い手として注目され，制度として採用されてから，範囲の決まった末端行政区域としての意味ももつようになった．社区において管理・運営を担当するのは社区居民委員会と呼ばれる組織である．社区居民委員会は住民自治組織とされるが，委員会主任は当該区の党書記と兼務している場合が多く，実態は政府の末端組織に近い[23]．1980年代末から「社区」に関する議論が政府機関で行われるようになり，1993年に「社区サービス事業の発展を加速することに関する意見（关于加快发展社区服务业的意见）」が公布された．この規約は法令と同様の拘束力があり「社区福利」が推進されていった根拠はこの規約による[24]．社区における福祉サービスの提供は社区サービス（社区服務）と呼ばれることが多いが，基層社会における福祉をより強化するという意味で，「社区福利」という概念を使う研究者もいる．「社区福利」を体系的に論じている唯一の著書である江立華，沈潔ら（2008）では，「社区福利」とは，「政府関連部門の指導のもと，社区を頼りにして，社区住民の日常生活需要を満たすことを基本的内容とし，社区住民全体の生活の質を高めることを目

的とした，福祉諸施策の総和である」と定義されている[25]．「社区福利」には以下の3つの内容が含まれる[26]．① 社区が提供する福祉サービス．主に社区自治組織と非営利組織が提供する「社区サービス」である．② 社区内にある施設が提供する福祉サービス．主に，高齢者福祉施設・児童福祉施設・障がい者福祉施設などが提供する，高齢者・児童・障がい者などの特殊ニーズをもつ対象者に提供するサービスである．ここでは政府が直接運営する福祉施設は含まない．具体的には，地域集団・民間組織・個人投資または公設民営などの方法で運営する施設である．③ 政府が社区に具体的実施を委託した福祉サービス．最低生活保障サービス・（特別対象者）優遇サービス・社会救助・とくに困難を有する者に対する救済などのサービスである．したがって，住民に最も近い政府機関としての役割と，住民自治組織としての役割とを兼ねているといえる．

地域における地域住民のための福祉が整備される一方，生活水準の多様化に合わせて民間市場も発達しつつある．政府は高齢者福祉への民間企業参入を促す政策を近年相次いで打ち出している．2006年に「高齢者サービス業の発展を加速することに関する意見（关于加快发展养老服务业的意见）」，2012年に「民間資本の高齢者サービス領域への進出を奨励・引導することに関する民政部の実施意見（民政部关于鼓励和引导民间资本进入养老服务领域的实施意见）」，2013年に「高齢者サービス業の発展を加速することに関する国務院の若干の意見（国务院关于加快发展养老服务业的若干意见）」などである．高齢者サービス業は，急速な人口高齢化から生じる需要の受け皿として期待されているだけでなく，サービス産業を発展させる契機にもなる．

実際に，中国における高齢者福祉に参入する民間企業がどのようなサービスを提供しているのか示す一事例として，河北省にある民間施設Y[27]をあげたい．民間施設Yは2010年にオープンした病院，医療・看護の学校・研究院，ホテル，高齢者居住区などがすべて一つの敷地内にある，全敷地面積180万㎡という巨大医療・看護・介護総合センターである．民間施設Yの施設・サービス内容は以下の通りである．

① 全ベッド数12,000床を計画，2014年3月現在2,300床を開放
② 自立可能・要介護どちらも入居可能，それぞれの居住区がある
③ 自立可能高齢者居住区の部屋料金
　部屋は中国風・米国風・欧風・東南アジア風と様々な仕様がある．66㎡の

部屋の場合，1人入居で4,000元/月，2人入居で5,000元/月．高層階でも最高で5,800元/月．部屋料金に含まれるサービスは，水道・電気・清掃・毎日の看護・健康チェック・毎月1回理髪・毎年全身健康診断・寝具の洗濯．食事・ガス代は別．施設内食堂では2人で約500元/月，部屋まで配送も可能．インターネット利用料は600元/年．

④ 要介護高齢者居住区の部屋料金（36 m^2 の部屋の場合）

介護士対入居者の割合が1：4の場合1人当り4,000元/月，1：2で6,800元/月，1：1で9,900元/月．夫婦入居で1人が自立可能な場合，その方は3,360元/月．基本的に相部屋の2人部屋，1人で2人部屋を使うと介護士1：4で5,800元/月．食事は別料金で1,000元/月，1,500元/月など選べる．全介護高齢者が入居する階には天井レールシステムを設置．各階エレベーター前にナースステーションがある．

⑤ その他施設・サービス

高齢者居住区の総面積64万m²の半分は公園などの緑地．各種催しを開催するホール，水泳プール，トレーニングジム，将棋室，書道室，ビリヤード等ゲーム室，図書館，理容室など．またカトリック教会，プロテスタント教会，仏教寺，モスクという宗教施設もある．

民間施設Yの要介護高齢者居住区に入居するには，年間最低でも49,000元は必要であり，2011年河北省の都市住民の一人当り平均可処分所得18,292.23元/年[28]では半年分も足りない．また，北京市都市住民の一人当り平均可処分所得32,903元/年（2011年）[29]でも足りず，都市住民の中でもさらに高所得者層しか入居はできない．民間施設Yのような施設は，購買力のある高所得者層の需要を満たす役割を果たしているといえる．

以上のように，中国都市部では1980年代後半以後，受給対象者の拡大，提供主体の多元化，サービス内容の多様化を目指して改革を行った結果，「社区」や民間高齢者施設のような新たな福祉供給アクターが出現し，発展しつつある．一方で，2012年には，改正「高齢者権益保障法（老年人权益保障法）」[30]に「頻繁に親元に帰るよう」定める条項[31]が挿入され，福祉供給における家族の役割が再度強調された．中国は経済・社会構造の転換途上にありながら急速な人口高齢化を迎え，すべての福祉供給アクターを活用して対策に乗り出しているといえる．

6.4 おわりに

　欧米諸国と比較すると，日本の社会福祉は遅れた産業発展と近代化の中で，20世紀を中心として急速に発展を遂げた．その経路は，例えば健康保険制度のように近代資本主義の発展の中で発生するリスクへ社会的に対応するものとして軌を一つにするものもあれば，年金などのように同じくリスクへの対応という目的をもちながらも戦時下の必要性に伴い導入されたものもある．同様な動機から，自発的な意図で始められていった個々の社会福祉への取組みは政府の強い影響下におかれていった．戦後は，GHQ の影響下で各種の社会福祉制度が整備され，さらに地域で住民の福祉向上に取り組む地域福祉事業もまた「半官半民」の形で政府の管理下におかれた．このように，政府の強い影響力のもとに福祉制度が整備されていったおかげで，短い期間で効率的に比較的普遍的で網羅的にメニューがそろっていったことは「日本型福祉」の一つの特色といえるかもしれない．ただし，その中で人々の自発的な取組みは存在感を失っていった．

　一方，改革開放政策後の中国の都市部における社会福祉の展開をみると，「未富先老」と急速なライフスタイルの変化の中で，高齢者の介護需要の充足が喫緊の課題となっている．これを克服する一つの手段として，これまで全面的に福祉供給責任を担ってきた政府が，改革開放後，福祉供給責任を地域住民や市場に委ねる傾向が明確になってきている．地方行政組織の出先機関と地域住民組織を兼ねた「社区」を活用した「半官半民」組織による福祉供給が展開されようとしている．しかし，その効果は未知数である．さらに，それでは吸収しきれない介護需要を民間市場が引き受けている．ただし，市場メカニズムを通した福祉を利用できる層はごく限られ，満たされないニーズの充足は家族に転嫁されていく．

　両国に共通する政府の強い影響力の中で展開する社会福祉は急速な整備が可能であるが，政府が応答能力を超えた場合に問題が生じる．超少子高齢社会の中で財政負担に耐えきれない政府が，福祉供給責任を人々の自発的で互助による支え合いへ転嫁しようとしても受けとめる人々にその対応力がなければ困難がつきまとう．これを克服するカギは内発的発展論をベースとした地域福祉の展開であり，それには野口[32]が指摘しているように，「実際に現場で生じている事実や人々の声に耳を傾け」ながら，多様な実例を拾い上げ，広義の福祉を目指した理論化を

図り，応用していくことしかないであろう．

注と参考文献

1) 相対的貧困理論（P. Townsent）や合意基準アプローチ（阿部彩）に代表される．
2) 鶴見和子：『内発的発展論の展開』，筑摩書房，1996
3) 三浦文雄：『社会福祉政策研究』，pp.4-5，全国社会福祉協議会，1985
4) Wilensky and Lebeaux：*Industrial Society and Social Welfare*, The Free Press, 1958
5) H. Wilensky：*The Welfare State and Equality, Structual and Ideological Roots of Public Expenditures*, University of California Press, 1975
6) Richard Titmuss：*Social Policy*, George Allen and Unwin, 1974
    なお，民間市場による福祉調達には，古くは使用人，家政婦等による家事援助サービスが代表的であり，現代日本社会においては，有料老人ホームやベビーシッターその他，対価を支払ってサービスを購入・消費する様々な形態がある．
7) 阿部志郎：セツルメントからコミュニティケアへ，『地域福祉の思想と実践』，pp.29-38，海声社，1986
8) 戸原四郎：西ドイツにおける社会保障の展開，『福祉国家の展開（1）』，pp.59-112，東京大学出版会，1983
9) A. エバース，J.L. ラヴィル：『欧州サードセクター』，pp.66-67, 110-114, 136-140, 171-172，日本経済評論社，2007
    田多英範編：『世界はなぜ社会保障制度を創ったのか―主要9か国の比較研究』，pp.8-9，ミネルヴァ書房，2014
10) V. ペストフ：ソーシャル・サービスの第三部門，『スウェーデンの福祉と消費者政策』，生協総研レポート，No.5，p.9，1993
11) 永岡正己：地域福祉の系譜と思想―戦前の歩みを中心として，地域福祉研究，第15号，pp.1-10，日本生命済世会福祉事業部，1987
12) 武川正吾：地域福祉の主流化とローカル・ガバナンス，地域福祉研究，第36号，pp.5-15，2008
13) 社会保障審議会福祉部会：市町村地域福祉計画及び都道府県地域福祉支援計画策定指針のあり方について 一人ひとりの地域住民への訴え，2002
14) このことから鄭 功成（2007）は1986年を「国家-単位保障制」から「国家-社会保障制」への転換点であるとする．（鄭 功成：中国社会保障制度の変遷と発展（広井良典，沈 潔編著：『中国の社会保障改革と日本』，第2章，p.42，ミネルヴァ書房，2007）
15) 正確には農村戸籍と非農村戸籍という区分である．
16) 鄭 秉文，高 庆波，于 环：新中国社会保障制度的变迁与发展（载陈佳贵，王延中

主編《社会保障绿皮书：中国社会保障发展报告 2010, No.4》第一篇），第 5 頁，社会科学文献出版社，2010

17) 国家卫生计生委流动人口计划生育服务管理司，"《中国流动人口发展报告 2013》内容概要"，〈http://www.moh.gov.cn/ldrks/s7847/201309/12e8cf0459de42c981c59e827b87a27c.shtml〉（2013 年 9 月 10 日発表，2014 年 4 月 4 日閲覧）

18) 中国政府が発表する出生率は 1992 年以降，合計特殊出生率ではなく，普通出生率である．

19) 中华人民共和国国家统计局编《中国统计年鉴2009》，第 89 页，2009 年

20) 2013 年 2 月から 8 月，全国高齢者事業委員会総合部（全国老龄工作委员会综合部）が主催して「十大都市における 1 万人高齢者の在宅養老状況調査（十城市万名老年人居家养老状况调查）」を実施した．対象地域は北京・上海・広州・深圳などの 10 都市，主に 60 歳以上高齢者を対象にアンケート調査を行った．回答数は個人 10,036 件，高齢者サービス施設など61 件であった．出所：中国老龄门户，"'十城市万名老年人居家养老状况调查' 新闻发布稿"，〈http://www.cncaprc.gov.cn/jianghua/43280.jhtml〉（2014 年 2 月 27 日発表，2014 年 4 月 15 日閲覧）

21) 中国では「安全感」という言い方をすることが多い．

22) 陈 四清："对老年护理职业教育多元化的思考"，《护理学报》，2011 年 6 月，Vol.13，No.6B，28 页にて表に示されている「5 種の養老モデルの相違に関する比較」を参照．自由度やプライバシー，コスト，利便性，安全性，適する高齢者群別に 5 つの養老モデルの特徴を比較している．

23) 清水由賀，修士論文：中国における人口高齢化と都市部「社区福利」の発展―遼寧省瀋陽市を事例として―，pp.61-62，早稲田大学社会科学研究科，2012

24) 沈 潔：中国における地域福祉政策の形成および問題点（鉄道弘済会社会福祉部：社会福祉研究，第 72 号，p.101），1998 年 7 月

25) 江 立华，沈 洁等：《中国城市社区福利》，第 29 页，北京：社会科学文献出版社，2008 年

26) 同上書，第 30 页

27) 以下，筆者らによる 2014 年 3 月 1 日に当施設の訪問，聞き取りから得られた内容である．なお，入居者のプライバシー保護の観点から施設名は匿名とする．

28) 河北省统计局，"河北经济年鉴 2012"〈http://www.hetj.gov.cn/hetj/tjsj/ndsj/101374627641041.html〉（2013 年 7 月 20 日発表，2014 年 3 月 27 日閲覧）

29) 北京市统计局，"北京市 2011 年国民经济和社会发展统计公报"〈http://www.bjstats.gov.cn/xwgb/tjgb/ndgb/201203/t20120305_221986.htm〉（2012 年 3 月 4 日発表，2014 年 3 月 27 日閲覧）

30) 2012 年 12 月 28 日公布，2013 年 7 月 1 日施行

31) 「常回家看看」条項と呼ばれている．実際の規定は以下のとおりである．「一：家族成員は高齢者の精神的ニーズを気にかけなければならず，高齢者を無視・冷遇しては

ならない．二：高齢者と別れて暮らしている家族成員は，頻繁に高齢者に会いに行くか，または連絡をしなければならない．三：勤め先は国家の関連規定に基づいて贍養人が親に会いに行くための休暇を取る権利を保障しなければならない」（第十八条）

32) 野口定久：東アジア諸国の福祉社会開発と地域コミュニティ再生（日本福祉大学COE推進委員会編：福祉社会開発学の構築），pp.83-105，ミネルヴァ書房，2005

7. 女性と災害
― 脆弱性と回復力 ―

7.1 はじめに

　女性は，災害時の最も脆弱なグループの一つ，あるいは回復力に富み，災害の軽減・防止・管理において重要な役割を果たす主体，またはその両者である．

　本章では，女性が災害によってさらに弱い状態に陥った際に，どのような措置を講じればその脆弱性を乗り超えて災害時の様々な局面（発生前・発生時・発生後）における回復力を強めていけるかについて示したい．ここでは，アジアにおける女性と災害に重点をおく．アジアは，2013年[1]およびそれ以前[2]に自然災害の最も集中した地域である．

　マルガレータ・ワルストロム国連事務総長特別代表（防災担当）によると，毎年2億人を超える人々が災害にあい，その大半（1億人以上）を成人女性および少女が占めるという[3]．また，これよりも前に出された報告書には，女性は子供や高齢者と合わせて人口の73％を占め，最も脆弱な存在として考えられていると記されている[4]．

　2013年アジア太平洋人道支援報告書[5]は，2013年に発生した計137件の自然災害について，アジアでの発生件数が最も多かったと報告している．この年，最も多くの災害に見舞われたのは中国とフィリピンの2か国である．また，8,200万人に及ぶ被災者の中ではアジア人の占める割合が最も高く，その内訳はフィリピンが34％，カンボジア13％，ラオス12％，タイ7％，ベトナム6％，北朝鮮5％である．

　上記報告書ではまた，2013年の死亡者数急増（2012年の3,200人に対し18,375人）は主に超大型の台風30号「ハイエン」（フィリピン名，ヨランダ）によるものであったと指摘している．この台風はこの年最大の被害をもたらした．6,000を

超える人命を奪い，被災者は1,400万人にのぼった．同年6月から10月にかけて発生した東南アジアでの洪水では4か国（カンボジア，ベトナム，ラオス，タイ）で，390万人以上が被災した．中国とインドも洪水による大きな被害を被っている．アジア地域を襲った注目すべき災害は他にも，フィリピンのボホール島地震，超大型の台風11号「ウトア」（中国およびフィリピン），台風12号「チャーミー」（中国およびフィリピン），台風25号「ナーリー」（フィリピンおよびベトナム），熱帯暴風雨「マハセン」（バングラデシュおよびスリランカ）等がある．

災害が及ぼす影響が女性と男性では異なることが研究の結果判明している[6]．女性の死亡率の方が高く，女性のリプロダクティブヘルスやジェンダーニーズに注意が向けられないことはたびたびである．災害発生後，女性はより一層多くの家庭内での責務，生活，住まい，土地，教育等に関わる様々な問題に直面し，さらに身体的・性的暴力を受ける危険性も高まる[7]．

本章では，災害発生時に女性が最も脆弱なグループに分類される背景とその理由を検証する．また，女性が災害発生時にもっと守られ，さらには防災や災害管理において積極的役割を果たすものとみなされるように，このような脆弱性を覆すための方法を解明していきたい．

使用するデータの大部分は，とくにアジアにおける女性と災害をテーマとした過去の報告書や研究者の手によるものである．台風ハイエンに襲われたフィリピンのセブ島北東部およびレイテ島の被災地区および震災被害を受けたボホール島において，2014年2月16～23日に実施されたインタビューやフォーカスグループの討論で得られた知見についても共有する．

7.2　災害と女性の脆弱性

本節では，災害発生中の女性が最も脆弱なグループに分類される理由とその背景を解明し，その情報が今後の災害のリスク軽減・管理の指針となり，人命を助け，女性をはじめとする脆弱なグループをより一層守るものとなることを期待する．

災害の発生前，発生時，発生後というそれぞれの局面において，女性の脆弱性が増す背景とその理由を検証し分析することが今後の女性の脆弱性を軽減，解消する上での一助となるかもしれない．その結果，女性がよりよく保護され，権限

のある役割を与えられることを願う．

7.2.1　女性と脆弱性の定義

　災害は，子どもや高齢者，障害者，女性等，ただでさえ脆弱なグループのリスクをさらに高めるものである．なお，本文中の「女性」は，未婚者，既婚者，妊婦，授乳者，寡婦，障害者，高齢者，家長，そしてとりわけ社会的弱者に分類される女性を指す．

　また，脆弱性とは，個人またはグループ，区域または地域が経験する危害・ストレス要因の影響を受けやすい状況もしくは状態であり，社会的・地理的不平等，経済危機，自然災害等いくつかのストレス要因の結果でもある．その対極にある抵抗力がリスクや危険に対処する強さや能力を指すのに対し，脆弱性には弱さ，無防備さ，そして（地域規模および/または世界規模の）社会的または自然的要因がもたらす問題に対応することの難しさが反映されている[8]．

　これまで脆弱性は以下のとおり定義されてきている[9]．

（1）　一定の集団，体制あるいは場所のストレスおよび危険への曝露による危害に対する敏感性であると同時に，危険や災害に備え，対応し，回復する（潜在）能力の欠如をも指す．社会的脆弱性は明らかに，危険事象が地域住民に及ぼす影響を強める，もしくは弱める人口動態的および社会的要因，すなわちリスクにさらされている人々およびそうした人々が受ける危害の程度に重点をおいた概念である．（スーザン・L・カッター，エムリッヒ，ウェッブおよびモラス，2009：2-3）

（2）　ストレスや危険が，それ自体外力であるか，あるいは一つの国の社会的一体性にマイナスに働く本質的要因であるかにかかわらず，社会または社会経済グループに及ぼす影響の度合．（キャシー・リン（2005：3）での引用）

（3）　部分的には，社会的不平等（様々なグループの危害に対する敏感性に影響を及ぼすか，またはこれを形作り，これらグループの対応力を左右する社会的要因）の産物である．ただし，そこには場所の不平等性（場所の社会的脆弱性の一因となる都市化の程度，成長率，経済的活力等，地域社会の特徴および建築環境）も含まれる．（スーザン・L・カッター，ボルフ，シャーリー，2003：242）

7.2.2 災害が女性の脆弱性に与える影響

災害は,既に他の相関的要因(社会的・文化的規範,男女格差等)によって脆弱になっている女性の脆弱性をさらに強める.

女性の脆弱性の要因/原因を軽減とまではいかなくとも緩和し,またこれらに挑むためにも,より一層ジェンダーに配慮した措置が早急に求められる.

a. 家庭内で 災害と,家庭における女性の脆弱性に影響する社会的・文化的要因との間には関連性がある.現代でも家を女性の領域と考える社会や文化は多い.これまで女性は家,そして子育てや家族(とくに病人,けが人,老人)の世話に縛られてきた.

このことは,インドのマハーラーシュトラ州を襲った強い地震による死亡者数が男性よりも女性に多かった理由の一つとしてあげられている.実際,男性は農作業や祭りの準備のため,あるいは他地域での仕事のため家から離れていて助かったが,家の中にいた女性は建物倒壊の巻き添えとなったのである[10].また,2004年のインド洋大津波でも女性の死亡者数は男性のそれを上回ったが,それは,女性が泳ぎ方を教わっておらず,女性として求められる服装と長い髪が瓦礫に絡みついたためである[11].

民間支援団体オックスファムの回復力構築プログラム女性権限付与担当官は,「自分のみではなく子ども達も助けようとするからです.昔から家庭内における男性と女性の役割には偏りがあり,したがって災害時には女性と子どもが一番の被害者となるのです」と説明する[12].

一つの事例を紹介する.2013年11月,フィリピン・セブ州北東部のバンタヤン島サンタフェを襲った台風30号「ハイエン」(現地名,ヨランダ)の猛威が最高に達したときのことを,ある母親が語った話である.荒れ狂う海を泳いでいた彼女は,意識を失いそうになりながらも夫に向かってどうにかこう叫んだそうだ.「あなた,子供達を市民ホールかどこか安全なところに連れていって.私のことは心配しないで.大丈夫ですから.あとで合流しますから」と[13].そこには,安全な場所に避難する前にほかの家族を待つよう女性を適応させた社会的期待が垣間見える[14].

台風が猛威を振るう中どのような行動を取ったかを聞かれたバランガイ・カヤン(セブ島ボゴの高地にある地区)の女性達は,乳幼児を毛布にくるんでしっかりと抱え,頭上の屋根を雨が激しく打ちつける間中,壁にへばりつくように寄り

かかったりして，子ども達を守るために最善の努力を行ったと語った[15]．強力な台風が過ぎ去るとすぐに彼女達は，男性達が一時的な避難場所の屋根や壁の代わりになる材料を探して東奔西走している間に，家族の食事の支度を始めた．

災害は以前の食料や安全な水の供給源を破壊してしまうため，食事の用意や，文化によっては家族のための水汲みを期待される女性にとっての新たな負担となる．

バングラデシュでは，「災害発生後，女性は生存に直接関わる役割を引き受けます．ひとたび家族全員の消息がわかれば，女性は台所を掃除し，水の入手先を確保し，服や睡眠場所を乾かします．女性は長い距離を歩き，自らの命を危険にさらしてまで家族のための水を手に入れにいくのです．」[16]

もう一つ別の事例として，インドで干ばつに見舞われた地域での話を紹介する．「家族の面倒を見る者として女性は真夜中に起きて5キロ以上も先にある井戸まで歩き，たった数滴の水のために夜明けまで待ちますが，一滴も集められないこともあります．バラモン［最高位カースト］に支配権があるため，低いカーストの人間が水を得られる機会は少ないのです．」[17]

次のエピソードが示すとおり，女性はまた，災害時に自らの家族に対し最大限の世話ができないと罪の意識を感じる．「ヨランダが強い台風であるという警報を無視したことを後悔しています．夫が寝たきりだったこともあって，家の中にいたほうが安全だと思ったのです．夫は心臓の問題も抱えていました．そのうち風が吹き始めました．台風は強いなどというものではありませんでした．とてつもなく強力でした．あっという間に家の屋根が吹き飛ばされ，次には壁が，そして家の中の何もかもが．気づくと家はなくなっていました．跡形もなく．台風は乗り越えましたが，すべてが落ち着いたとき，私達の手元には食料がありませんでした．乾いた服もありませんでした．夫の病状は悪化し，そして亡くなりました．」[18]

一部の文化では，その文化の規範として女性は男性と会話することを禁じられており，そのため女性は災害が発生しても男性に助けを求めることができない[19]．男性中心の家庭を容認する社会では，女性が協力を得たり，寡婦に当然与えられるべき土地等の財産に対する権利を主張したりすることが阻まれている[20]．

災害が直撃する以前から，女性は一般的に男性より低い地位におかれている．

バングラデシュからのある報告には,「ある父親は,息子と娘の両方を高波にさらわれないように捕まえておくことができず,どうすることもできず娘の手を離したが,その理由は(中略)[この]息子には血筋を残す役割があったからだと記されている.」[21]

b. 家庭外で：教育,経済,健康および政治　女性の脆弱性に関わるもう一つの要因が男女格差である.女性は,学歴,経済活動への参加,経済機会,健康と生命力,そして政治的権利等の面で男性に後れを取っている[22].災害は,こうした側面での女性の脆弱性をさらに強める.

識字能力の低さと教育レベルのせいで,女性は早期警報システムや災害情報・管理の担当者に任命されない.災害発生後,少女達は家の手伝いや家計補助のために働くことを期待され,学校を辞めるか復学を延期する.ひどい場合には借金を返すために召使いや幼い花嫁として売られたり,家族を借金や貧困から救うために売春を強要されたりする.

多くの女性が家庭内の雑用や子どもを産むという役割に縛られる一方,さらに多くが製造現場での低賃金の長時間労働という別の枷をも負わされている.また,女性は農業やインフォーマル部門における労働者の過半数を占めるため,災害発生後は仕事を見つけることが困難になる[23].漁師には災害発生前と同じ生計を立てられるよう漁船が与えられるが,魚を買うお金のなくなった女性や魚の販売や乾燥作業に携わっていた女性にそのような注意は向けられない[24].災害による経済的自立性の低下または喪失は女性を非常に従属的かつ虐待的な人間関係に陥らせ,家庭内での女性の交渉上の立場に不利に影響し[25],女性の脆弱性が一層高まる.

災害の発生前,発生時,発生後に家族全員の保護と生存のために奮闘する中,出産と生産という二重の役割を担う女性はさらなるストレス,不安,トラウマ,うつ症に見舞われるが,女性は家庭や家族を守り,その面倒を見るべきであるという社会的期待のために,前述のように無視され対処されないことがある.災害発生後の求職数が少ないことも,家庭内に留まり家事に専念すべきといった期待によって説明がつくかもしれない[26].

災害時,女性(とくに,重篤で緊急の産科ケアを必要とする妊婦や授乳中の母親)の健康に対する懸念は高まる.災害発生前に多くの保健ニーズが放置されていた状態にあって,災害発生時,実際に利用できる対応型健康管理システムが存

在する可能性は低い．また，運動能力に問題があり，災害対応策も届きにくい高齢者にも注意が向けられなくてはならない．

　医療供給者の災害関連死は，瓦礫や倒壊による足場の悪さと相まって，津波によってリプロダクティブヘルスが様々な影響を受けたスリランカやインドネシアで見られたのと同様，リプロダクティブヘルス・ニーズを抱えた女性に対する効果的な緊急医療サービスが提供されない，あるいは遅れるなどの事態を招いている[27]．

　災害発生後の対応の中で忘れられがちな女性の衛生や避妊に関する問題は，望まない妊娠や会陰湿疹，尿路感染症につながる可能性がある．この点は2002年WHO報告書で，1998年に洪水被害を受けたバングラデシュの思春期の少女達について述べられているとおりである．彼女達は人目をはばかり，生理用の布をきれいに洗うことができなかったし，洗った布を干すところもなく，きれいな水を入手することもできなかった[28]．また，救援キットには女性用品も避妊具類も入っていなかった．

　そのうえ，災害発生後，女性はより性的暴力の対象となりやすくなる．災害に起因する法の支配の機能停止や社会不安，インフラや通信システムの損傷が，強姦や集団強姦等の性的虐待に対する女性の脆弱性を高めるのである．立退きや移住，避難，女性の安全やプライバシーも守られない避難所での生活も女性の性的虐待および売春のリスクを高める．

　さらに，災害発生後に家庭内暴力が増えることも判明しており，これらの多くが「個人的な問題」として処理されるか，あるいは女性自身が恥に思ったり，男性は妻の体を自由にしていいと考えたりするために通報されない[29]．災害で子どもを失い，深い悲しみのみならず「母親」という社会的身分および自尊心の喪失も味わい，老齢に達した際の経済的な安心感をも失った女性に対しては，卵管結紮術後の再開通術を受けられるよう対策が取られた[30]．養子を取ることを選択した女性もいるが，インドでは今でも再開通術を強要されている例がある[31]．

　ジェンダーレンズという視点をもち男女格差を是正するための努力が継続的に行われている一方で，全般的に，社会的・文化的規範が助長する女性の間の沈黙の文化が公共の場に参加しないという文化へと広がってきており，多くの女性の地域社会や，防災・災害管理関連を含む社会的活動・関心事への積極的な参加を妨げている．

災害発生前，女性の声は大概耳を傾けてもらえず，女性の存在は通常無視されるものとすれば，本節で提示したデータは，災害がいかに女性の声を一層かき消しているか，その結果，女性の存在や彼女らの緊急時の懸念がますます見えにくくなり，効果的かつ包括的な対応を取られなくしているかを示している．

7.3 災害と女性の回復力

前節では，家庭，教育，職場，医療そして政治参加において，災害が女性の従前の様々な脆弱性を助長し，長期化させ，高めていく過程について述べた．また，災害が女性の脆弱性に及ぼす影響に関する議論では，災害発生前から救援を経て復興再生を含む災害発生後に至るまで，災害のあらゆる局面における女性と男性の役割およびそれぞれの性に対する期待に注目しつつ，ジェンダー視点を含めることの必要性を強調した．

しかし，女性は単に災害やその他様々な脆弱性の被害者であるというわけではない．災害に関する調査結果からは，女性には回復力があり，男女平等の促進や災害の軽減・防止・管理の面でのキーパートナーとして女性が積極的なイニシアティブを図っていること，そして家庭および地域社会全体の世話をし，守っている姿が見えてくる．

7.3.1 生存のイニシアティブ

災害発生時の死亡者数は女性のほうが多いという報告がある一方で，家族や地域住民が災害を生き延びられるよう支える女性の役割についてはほとんど記述がない．

女性の強さ，そして家族や隣人に対する強い責任感と愛情は，彼女達自身や新生児を含む多くの命を救ってきた．また，災害のさなかの出産は，母親が非常事態での分娩という大きな挑戦にもかかわらず赤ちゃんをあきらめなかったからこそなしえたことである．

災害後の日々の食事の用意や水の確保は容易ではないが，女性は家族のためにそれらを続けてきた．ジェンダー研究者のセパリ・コデゴーダ博士は「災害発生直後，女性には，緊急支援機関から救援物資を確保したり，生き延びるために家族が必要とする喫緊のニーズに応えたり，仮住まいへの引越しを手配したり，家

庭内で中心的役割を果たすことが強いられる」と指摘する[32]．

とくに家族の中にいる子どもや高齢者，けが人，病人に対する女性のこうした貴重な役割や精神的支えはこれまで過小評価されてきた．災害救援計画の立案者や実施者は，「災害発生直後においては有給であれ無給であれ，女性が時間と労働力を人々の世話に提供することを当然と考えている．」[33]

7.3.2 地域社会のイニシアティブ

2014年2月18日に行われたフォーカスグループ討論（FGD）に参加したセブ島ボゴのバランガイ・カヤンとバランガイ・アノナン・スールの女性達は，女性が救援物資管理に携わったほうがいいという意見で一致した．女性は自分達の地域の住民をよく知っており，どの救援物資が誰の元に行くべきかを把握しているからである．参加した女性の多くは地域の医療従事者でもあったため，災害救援活動に関する情報の発信，困っている住民（とくに健康や暴力に関する問題を抱えている人達）への対応を手助けする上で最善の立場にあった．

バランガイ・アノナンではより迅速かつ的確で包括的な救援活動実施の上で，女性の地域リーダーの存在はプラス要因であった．女性リーダーと女性のFGD参加者との間の仲間意識が強まったことによって，救援現場では笑いや緊張／ストレス解消活動のゆとりが生じ，この高地地域におけるより早い回復が促された．

多くの住民が女性教師の多い学校に避難していたことから，災害発生後より短期間で避難者や生徒達は立ち直り，授業が再開・正常化されたが，彼女達の果たした役割は相応の注目を浴びていない．

同じことが，災害発生後にけが人や病人をはじめとする助けを必要としていた住民達に手を貸した医療従事者達についてもいえる．

世界銀行のある報告書によると，ラオスでは，女性が積極的に早期警報発令プロセスに関わり，村の各家庭を訪ね歩いて洪水警報やその他災害関連情報を伝えたという[34]．

いくつかの被災地では女性達が自主的に，あるいは地元または国際市民団体，各国政府の支援を受けて組織を作り，情報認知，研究，動員，能力開発，戦略策定[35]およびその他を通じて男女平等問題と災害関連問題の双方に取り組んだ．

7.3.3 脆弱性から回復力へ

　今回本章で伝えようとしたのは，社会的・文化的規範や男女格差，災害によって高まった脆弱性にもかかわらず，女性は災害の最大の被害者となることなく，災害周期全体を通して家庭や地域，そして社会における自身および他者を守る上で，積極的かつ回復力のあるキープレーヤーおよびパートナーになれることを行動で示したことである．

　回復力に向けた重要なステップの一つは，ジェンダー視点をもつということである．つまり，災害が及ぼす影響は女性と男性では異なるということ，社会的・文化的規範と相互に作用する男女格差は平常時においても災害周期においても女性の脆弱性を高めるという点を認識することである．

　今後さらに多くの災害が発生し，気候変動が起きている現在の地球システムのもとで人々や地域社会への影響が予測されるなか，男女格差是正・脆弱性軽減方針の強化とその包括的実施徹底の必要性に関する情報の蓄積および発信に早急に取り組むべきである．

　様々なグループ（女性，子供，高齢者，障害者，貧困者）の災害周期における脆弱性軽減のためには，あらゆる人々の参加が必須である．脆弱なグループは災害周期全体を通して積極的な参加者かつパートナーでなくてはならない．概念化から立案，実施，監視，評価に至るまで，災害管理戦略・プログラムのあらゆる段階に女性の関与が求められる．

7.4　お わ り に

　女性は，自分達がいかに地域住民達の具体的ニーズの特定に役立つか，救援活動でどれだけ頼りになるか，自分達の家庭や地域のための持続的発展計画を支える上でどれだけ熱心であるか示してきた．

　また，女性を地域住民の信頼できるプロフィール情報の収集担当に任命することもできる．情報には各世帯の同居人・非同居人の構成（性別，年齢，民法上の身分，学歴，職業，健康状態，所有財産，収入源と年収で分類）に関する重要情報が含まれ，どの救援物資や対応が適切で，それらは地域ごとに認定済みの各世帯のどの人物と共有すべきかについて，今後の災害救援活動の指針を示すこともできるだろう．

成人女性や学生を含むパートナーに，上記の地域ごとの世帯データに変更がないか定期的に更新する作業を任せることも可能である．各世帯の住民一人ひとりへの災害対応の実施に重点がおかれるよう，対応の種類および日付（食料配給，医療サービス，寄付［現金，物資］）といった災害発生後の情報もこの基本データに追加することができる．

　女性には特定の災害関連ニーズがある．とくに，① 安全・生存（世帯および地域社会のためのものを含む），② 生活，③ リプロダクティブヘルス，④ 性的暴力や家庭内暴力に対する身の安全と保護，そして⑤ 災害周期全体を通じて耳を傾けられ，採用されるべき自分達の声に関するものである．ここで強調されるべき点は，女性はみな一様ではないので，女性の年齢や民法上の身分，健康状態に応じて災害に適切な対応が取られるべきである（その際，妊婦，授乳中の女性および障害を抱えた女性については特別な注意と対応を行う）という点である．

　災害の軽減・緩和・管理に関連する研究，行動および政策に対する提案や提言は共有され，実行に移されてきた．ただし，一部の地域では進展が見られるものの，命を守り，脆弱性を解消し，すべての人々（とくに，女性を含む脆弱な層）の回復力を強化するためにはまだまだ課題が山積している．

　気候変動が進行し，今後災害の発生が増え人々や地域社会に影響することが予測される中，男女格差や個人や集団の脆弱性を解消し，すべての人がもっと守られ，より安全安心な環境を作るための挑戦が続く．

注と参考文献

1) 国際連合人道問題調整事務所（OCHA）：2013 年アジア太平洋人道支援報告書
2) 以下参照．「Gender and Health in Disasters」，ジェンダーと健康（2002 年 7 月）；マリア・ロザリオ・ピケロ＝バレスカス，東洋大学国際共生社会研究センター報告書，2012 年 1 月；国際赤十字赤新月社連盟（IFRCRCS），World Disasters Report 2011（世界災害報告 2011）」，ジュネーブ，スイス；http://www.philstar.com:8080/headlines/2013/ 04/01/925545/asia-most-disaster-prone-region-un-report；国連アジア太平洋経済社会委員会（UN ESCAP）および国連国際防災戦略事務局（UNISDR），「Asia-Pacific Disaster Report 2012: Reducing Vulnerability and Exposure to Disasters」，pp.36–37
3) マルガレータ・ワルストロム：「Women, Girls, and Disasters」，国連国際防災戦略事務局（UNISDR），2012 年 10 月 15 日，http://www.unisdr.org/archive/29114 に掲載（2014 年 3 月閲覧）

4) アジア太平洋経済協力（APEC）：「The study on "Women in Times of Disaster": The Integration of Gender Issues and Gender Perspectives in Disaster Management」，2009
5) 上記1) を参照
6) ナワール・ヌール：「Maternal Health Considerations During Disaster Relief」，産科・婦人科レビュー，**4**（1），22-27，2011
7) 以下参照．M. カルバリヨ，M. ヘルナンデス，K. シュナイダーおよび E. ヴェレ：「Impact of the Tsunami on Reproductive Health」，英王立医学協会ジャーナル，**98**（9），400-403，2005年9月；「Women and Disaster: The Facts」，「Caught in the Storm: The Impact of Natural Disasters on Women」（リン・チュウ，カヴィータ・N・ラムダス）に掲載，世界女性基金，2005；「Violence Against Women in the post-Tsunami context」，アクション・エイド，2007；ジェーン・M・ヘンリッチ，アリソン・スパン・ヘルムート，ジャッキー・ブラウン：「Women, Disasters and Hurricane Katrina」，女性政策研究所，No.492，2010；国境なき医師団：「Forced to Flee: Humanitarian Disasters Leave Women at Higher Risk」，2014年3月．http://blogs.plos.org/speakingofmedicine/2014/03/07/forced-flee-humanitarian-disasters-leave-women-higher-risk（2014年3月12日閲覧）
8) マリア・ロザリオ・ピケロ＝バレスカス：「Barangay Luz: Moving On Beyond Fires」，東洋大学国際共生社会研究センター，2012
9) 同上
10) 「Gender and Health in Disasters」，ジェンダーと健康，2002年7月
11) ナワール・ヌール：「Maternal Health Considerations During Disaster Relief」，産科・婦人科レビュー，**4**（1），22-27，2011
12) ジャカルタ・ポスト，ジャカルタ，http://www.thejakartapost.com/news/2011/11/24/women-least-prepared-during-disasters.html に掲載（2014年3月26日閲覧）
13) 2014年3月25日に行われたタンガラン・ピリピーノ・ドラマ・セラピー・ワークショップでフェルナンド・ジョセフが披露したエピソード．この母親は，あとで家族全員に再会したとき，「神様は素晴らしい！」と叫んだという．
14) 「Bangladesh: Bigger Role for Women In Disaster Preparedness」，2011．http://www.irinnews.org/report/93270/bangladesh-bigger-role-for-women-in-disaster-preparedness（2014年3月25日閲覧）
15) フォーカスグループ討論，ボゴ市バランガイ・カヤン，2014年2月
16) 「Bangladesh: Bigger Role for Women In Disaster Preparedness」，2011．http://www.irinnews.org/report/93270/bangladesh-bigger-role-for-women-in-disaster-preparedness（2014年3月25日閲覧）
17) インディア・トゥデイ，2000年5月8日．マダビ・マラルゴダ・アリヤバンドゥが「Impact of Hazards on Women and Children Situation in South Asia」（中間技術

開発グループ，2000）で引用

18) 2014年3月29日のタンガラン・ピリピーノ・ドラマ・セラピー・ワークショップでフェルナンド・ジョセフが披露した前述とは別のエピソード

19) ナワール・ヌール：「Maternal Health Considerations During Disaster Relief」，産科・婦人科レビュー，**4**（1），22-27，2011

20) 「Women and Disaster: The Facts」，「Caught in the Storm: The Impact of Natural Disasters on Women」（リン・チュウ，カヴィータ・N・ラムダス）に掲載，世界女性基金，2005；「Violence Against Women in the post-Tsunami context」，アクション・エイド，2007

21) 「Gender and Health in Disasters」，ジェンダーと健康，2002年7月

22) 2013年世界経済フォーラム，世界男女格差レポート2013；世界銀行，世界開発報告（2012年版）：ジェンダー平等と開発

23) 「Gender and Natural Disasters」，汎米保健機構，日付なし

24) 「Violence Against Women in the post-Tsunami context」，アクション・エイド，2007

25) 「Gender and Natural Disasters」，汎米保健機構，日付なし

26) 2011年の震災後，日本人女性の求職数が減少している．日本国内閣府男女共同参画局：「Women and Men in Japan 2012（平成24年版男女共同参画白書 概要版）」，pp.24-25

27) M.カルバリヨ，M.ヘルナンデス，K.シュナイダー，E.ヴェレ：「Impact of the Tsunami on Reproductive Health」，英王立医学協会ジャーナル，**98**（9），400-403，2005年9月

28) 2002年WHO報告書，ラッセル・ブーンが「Gender and The Storm: Women and Natural Disasters」（2012）で引用，http://russellboon.com/blog/2012/3/25/gender-and-the-storm-women-face-unique-challenges-during-nat.html（2014年3月25日閲覧）

29) 「Violence Against Women in the post-Tsunami context」，アクション・エイド 2007；ラッセル・ブーン：「Gender and The Storm: Women and Natural Disasters」，2012，http://russellboon.com/blog/2012/3/25/gender-and-the-storm-women-face-unique-challenges-during-nat.html（2014年3月25日閲覧）

30) M.カルバリヨ，M.ヘルナンデス，K.シュナイダー，E.ヴェレ：「Impact of the Tsunami on Reproductive Health」，英王立医学協会ジャーナル，**98**（9），400-403，2005年9月

31) 「Violence Against Women in the post-Tsunami context」，アクション・エイド 2007；ラッセル・ブーン：「Gender and The Storm: Women and Natural Disasters」，2012，http://russellboon.com/blog/2012/3/25/gender-and-the-storm-women-face-unique-challenges-during-nat.html（2014年3月25日閲覧）

32) セパリ・コデゴーダ：「Kottegoda, Sepali, Mainstreaming Gender in Disaster Man-

agement Policy: Key issues and Challenges in the Asia-Pacific Region」, http://www.apww-slwngof.org/index.php?option=com_content&view=article&id=88:mainstreaming-gender-in-disaster-management-policy-key-issues-and-challenges-in-the-asia-pacific-region&catid=10:news&Itemid=17（2014年3月26日閲覧）

33)　「Gender and Health in Disasters」, ジェンダーと健康, 2002年7月

34)　ゾイ・エレーナ・トロハニス, ズザナ・スヴェトロサコヴァ, ヘレン・カールソン=レックス：「Making Women's Voices Count in Natural Disaster Programs in East Asia and the Pacific」, 世界銀行報告書（2012年版）, http://siteresources.worldbank.org/INTEAPREGTOPSOCDEV/Resources/12680GNEAPDisaster.pdf

35)　事例については以下を参照．マダビ・マラルゴダ・アリヤバンドゥ：「Impact of Hazards on Women and Children Situation in South Asia」（中間技術開発グループ, 2000）, 米国フロリダ国際大学社会学・行動学研究所主催の「Reaching Women and Children in Disasters」での発表論文；スリランカの事例については,「Kottegoda, Sepali, Mainstreaming Gender in Disaster Management Policy: Key issues and Challenges in the Asia-Pacific Region」（セパリ・コデゴーダ）, http://www.apww-slwngof.org/index.php?option=com_content&view=article&id=88:mainstreaming-gender-in-disaster-management-policy-key-issues-and-challenges-in-the-asia-pacific-region&catid=10:news&Itemid=17 を参照

8. 被災地観光と内発的発展

8.1 はじめに

　内発的発展論の文脈で観光開発あるいは観光振興を語る際，観光と内発的発展は相容れないのではないかという議論がしばしば起こる．たしかに，現状の観光開発では先進国の世界チェーンが大規模なリゾート開発を行うイメージが強い．このままでは，地域住民の力によって自律的に経済発展を目指すことは難しい．

　しかし，「観光」という枠組をすべて否定してしまうと，地域特有の資源を活かすチャンスをも失うことになりかねない．観光を効果的に利用すれば，地域産業を刺激する工場誘致よりも，効率的に地域発展に寄与することができる．

　観光という言葉は，中国の古典「易経」の「観国之光，利用賓于王」に由来しており，「国の光を観る」，すなわち，風光明媚，美しいもの，高い価値をもつものが対象となってきた．だが，光があれば影もあり，その影を観ることで，普段見過ごしてしまいそうな人間の本質に迫ることも，観光の新たな役割となってきた[1]．

　観光のポテンシャルを端的に表しているものとして，「被災地観光」を取り上げることができる．被災地観光とは，自然災害や戦争災害等の惨禍を地域資源（遺産）として捉え，地域外からの来訪者に公開することで，新たな価値を創発する取組みをいう．自然災害や戦争災害といった，害を被った地域が逆境に苦しみ，地域住民にとって忌み嫌う景観を，逆に観光資源として展示することが新たな価値を生むという発想は，観光のもう一つの力ともいえよう．

　災害を受けた地域の復興プロセスにおいては，一般的に被災直後3年間は被災者の生活基盤を再建しなければならない．仮設住宅で生活を営んでいる被災者のために復興住宅を建設し，新たなまちづくりを計画することが求められる．被災

者の生活再建が実現した後，本格的に工場誘致等の産業施策に取り組むことになるが，この被災後産業復興に取りかかるまでの産業空白期間も，被災地観光は地域への経済効果をもたらすことができる[2]．

観光に関しては，ここ最近にわかに注目を浴びた[3]ことで，それを活用したいステイクホルダー（立役者）からは観光振興のメリットだけが，そしてそれに反対するステイクホルダーからは観光振興のデメリットだけが強調されがちである．

そこで，本章では，観光振興のメリットとデメリットを整理し，これらを吟味した上で，自然災害の惨禍を地域資源として活かし，世界で来訪者を得ている事例の現状を報告する．最後に，これらの事例を通して，被災地に内発的発展をもたらす観光とはいかなるものかをまとめる．

8.2 観光振興のメリット，デメリットとサステイナブル・ツーリズム

8.2.1 観光地化のメリット

観光産業で認知されていない地域を「観光化」するにはどのようなメリットがあるのだろうか．観光学の泰斗であるクレバドン（1999）の意見は，傾聴に値する．彼は，以下に示すように5つに分類している．

1番目に，直接的な経済効果である．観光振興は地域経済活性化の「切り札」として世界でも注目されている．観光消費に伴う観光産業の発達により，原材料等の調達を通じて地域産業に生じる需要創発効果である．このように観光産業から卸小売業，農林水産業，工業，サービス業，建設業など様々な産業に需要創発効果が波及していくことを「観光のリンケージ効果」という．

2番目に，直接的経済効果により，雇用を新たに創出することができる点である．観光で創出される雇用は，他業種と比較し，老若男女の幅広い層の人々により，それぞれ役割を分担することができる特徴をもつ．また，新たに創出された雇用のおかげで雇用者所得が生み出され，これが域内消費に回ると，さらに地域の直接的経済効果へとつながる．観光振興は，地方を敬遠しがちな若年層にも地方回帰の機会を創出しうるのだ．

3番目に，アントレプレナーシップ（起業家精神）が生まれるという効果があげられる．観光は，製造業とは異なり，アイデアさえあれば小資本で起業するこ

とができる．例えば，農家に滞在して，ときには農作業を手伝いながら農村の食や文化に触れるアグリツーリズムの動きは，イタリアに始まり，今では世界各地で見られるようになった．これも，もともとは農産物の自由化によって危機に瀕した農家の起死回生のサイドビジネスから始まったものである．アイデアによって，観光資源を生み出すことができる．

4番目に，観光の発展により地元の人々に間接的な利益をもたらすことができる．例えば，道路，水道などインフラが整備され，観光に関わっていない人々も恩恵を受ける．また，新しく建設された観光客向けのアトラクションが，地元の人々に対して無料招待券を配布するという例もしばしば見られる．かつて，地域住民にとって，観光施設は迷惑施設として扱われてきた．ところが，近年では地域と共存するという発想で観光施設も運営されており，地域住民に対して優待をする機会が格段に増えてきている．

最後の5番目に，地域のアイデンティティをアピールすることができるという利点があげられる．観光客に対して独自性を宣伝することで，地域の人々が郷土に誇りをもつことができる．観光振興により失われつつあった伝統芸能や民俗文化を残すことができた事例は，世界中に数多く報告されている．

被災地観光に関していえば，震災後約1年半を経過すると急速にその地域への関心度合いが薄れていく．その中で，被災地に関してその後も関心をもってもらうために，観光は非常に効果的なのだ．

8.2.2 観光地化のデメリット

前述した5つの効果で観光ははたして常に受け入れ側の地域にプラスとなる結果だけをもたらすものではない．クレバドンは，5つの効果それぞれに負のインパクトが存在することを述べている．

まず，1番目の直接的経済効果についていえば，観光から得られる利益がすべて地元に還元される訳ではない．介在する旅行会社に多額の手数料を取られる．仮に地元以外の業者が大規模な観光開発を行ったとすれば，地元産業へ普及効果は少ない[4]．このように観光客が落としていったお金が，地元に残らずマーケット側に流れてしまう傾向を「観光のリーケージ（leakage）効果」という．

2番目の雇用機会の創出という点でも，地元で新たに創出されるのは，季節労働や単純労働のみで，マネージャー職はすべて先進国からの派遣という形をとる

場合が多い．そして，観光業へ労働力が流れるため，今まで脈々と受け継がれてきた地元の伝統産業の担い手が減少し，地域の産業構造が歪んでしまうという悪循環が生まれる．

　3番目のアントレプレナーシップについては，新たに立ち上げた企業でもよほど独自性を発揮し続けなければ，大資本を投下することのできる大企業に真っ向から勝負を挑まれると敗北してしまう．

　4番目の間接的効果についても，弱点がある．観光客目当ての犯罪が増加し，平和だった地域に治安の悪化を招く可能性も十分に考えられる．観光客自体が犯罪者となる可能性もある．

　5番目のアイデンティティのアピールでは，マーケットがイメージを決め，その作られたイメージが現実の姿と乖離する場合も数多く見受けられる．本当に発信したいメッセージが伝わらないことも多いため，結局，観光で誤解を助長させる結果になってしまう．

　以上で論じた負のインパクトとして，さらに付け加えるならば環境負荷があげられる．観光客の受入れは，環境負荷がかかるということを忘れてはならない．たとえば，「エコツーリズム」に関する議論の中で，エコツーリズムを振興すれば，エコ意識の高い人が訪れるため，彼らとの交流を通じて地域住民のエコ意識もさらに高まるという意見をよく聞く．だが，エコツーリズムの振興によって，かえって環境破壊が進んだ例は世界中で枚挙に暇（いとま）がない．観光を語る際に忘れてはならないことは，観光は基本的にお客様を選べないということだ．この大前提をないがしろにして理想論を唱えると，結果的に環境が荒廃し，「こんなはずではなかった」ということにもなりかねない．この弱点を理解したうえで，それでも観光開発という選択肢がその地域にとって最善であれば，観光開発すればよい．その覚悟なくして対策を講じなければ，観光開発で負のインパクトが占めてしまうことはいうまでもない．

8.2.3　サステイナブル・ツーリズムという考え方

　1990年代以降，マス・ツーリズムから生じた弊害を是正するため，サステイナブル・ツーリズムという考え方が広がり始めている．これは，ただ単にマス・ツーリズムを否定し，エコツーリズムやグリーン・ツーリズムをはやらそうというものではなく，観光産業によって，観光地である受入れ側は経済的にも政治的にも

社会・文化的にも持続的に発展することを最大の目的として考えようという動きである．この文脈で考えると，その地域の受入れ許容範囲を越えた来訪者を得た場合，たとえ小規模なエコツーリズムであってもサステイナブルとはいえない．

観光地において満足度を下げることの1つに「ぼったくり」がある．これは，いま目の前で接している大半の観光客は，今回だけの訪問（いちげんさん）だから，「取れるときに取っておこう」という発想に他ならない．そこまで露骨ではなくても，地域住民が日常的に購入する価格よりも高めに設定しているような例は，しばしば見受けられる．受入れ側にこのような気持ちが少しでもあれば，観光客はそれを敏感に察知して，心の交流は生まれず，リピーターとはならない．観光客の再訪率を上げるためには，観光地といえども，地域住民に接するときと同様の適正価格で臨むことが求められる．

さらに，最近では観光振興についても，行政の事後評価が求められるようになってきた．その評価の指標として，入込み客数の対前年比を使用することが最も一般的である．しかし，この入込み客数の対前年比を金科玉条にしてしまうと，将来のことを考えずにブームを起こそうという短絡的な発想が生まれてしまう．キャンペーンという売り出し方がその最たる例であるが，ブームというのは，ひとたび過ぎ去れば，ブームが起きる前よりも落ち込んでしまう．

観光には多様なステイクホルダーが関わっている．この中で，とりわけブームを巻き起こしたいと思っている主体はマスコミである．旅行会社もそれぞれの観光地は取り扱っている多くの地域のうちの一つであり，マスコミや旅行会社は，一つの地域が疲弊しても，また別の地域をプロモーションすればよい．そして，本来，地域住民の代弁者であるはずの行政主体でも，前述のとおり行政評価が定着してきたおかげで，マスコミや旅行会社とタイアップしてブームを巻き起こす動きが後を絶たなくなっている．

一方，ブームをいやがるステイクホルダーは，まぎれもなく観光客，とくにリピーターである．リピーターを大切にするためマスコミ取材を一切断っている銘店もあるように，あまりにもマスコミに踊らされると，本当に大切にしなければならない主体を見失ってしまう危険性がある．

8.2.4　サステイナブル・ツーリズムを実現するために

サステイナブルという言葉には，単に持続的にというだけでなく，普段から「乱

高下なく」という意味も含まれる．ブームを巻き起こすという手法は，短期的には認知度を高め，入込み客数を増加させるのに都合がよくても，長期的には観光地を疲弊させる．そのため，本当にその土地を愛してくれるターゲット層をも失うという側面があることを認識しておく必要がある．この意味においても，ブームに頼らず地道に努力を積み上げて，サステイナブル・ツーリズムを実現していくことが求められる．

　サステイナブル・ツーリズムを実現するために，島川（2002）は「観光客・観光事業者・地域住民の三方一両得」という概念を提唱している．前述のとおり，ブームに伴う弊害を考えた場合，観光客の中でも，とくにその地域を長く愛し続けてくれるリピーターはブームを敬遠する．さらに，ブームが過ぎ去り，いかに地域が疲弊したとしても，それは地域住民にとってはかけがえのない故郷である．地域に根ざした住民は，そのまま住み続けなければならない．観光振興は，福祉，教育，治安維持，公衆衛生等地域住民にとって必ず行わなければならない政策課題ではない．日本でも「一地域一観光」，「住んでよし，訪れてよし」などといったキャッチフレーズが先行し，観光振興が地域活性化の「打ち出の小槌」のごとく扱われ，観光振興の必要性がことさら強調されることも多い．

　しかし，観光の負の側面を直視して，そこに永続的に住む住民が，観光振興によるデメリットが多いと判断した場合には，「観光地にしない」という選択肢もあっていいはずである．いずれにしても，地域住民の意思を無視して観光振興に走ることは許されない．

　さらに，もともと観光は，福祉や教育と異なり，それだけで商業的に成立しうるものである．補助金を投入しなくても，本来は観光地として観光客を魅了できるはずである．したがって，やれるところから小さく始めた方が，結局は観光客から愛されるターゲットを見極めることができるため，観光地としての発展も持続できるであろう．

　観光の効果が国際的にも認識されてきたことで，開発援助で観光に補助金が支給されるようになってきた．このような変化に伴って，新たな事態も生じてきている．これまで観光関連企業では，お金をいただく先はお客様であり，お客様の意向を無視すれば商売は成立しなかった．だが，補助金という新たなお金の出所を得て，補助金申請と実績報告に多大なる労力を費やす結果，それにかかる時間はお客様への視点が希薄化してしまうという本末転倒の事態が生じている．ここ

で「三方一両得」の一つの主体として観光事業者を入れているのは，純粋に観光から収入を得て商業的に成立させる状況を作らなければならないという意味からである．補助金を導入すれば報告義務が生じ，観光地や観光客の思いが無視される場合も生じてくる．「三方一両得」の主体として行政や援助機関，マスコミを入れていないのは，そのためである．

　結局，観光によって利益を享受すべきは，観光客，地域住民，観光事業者である．行政，援助機関，マスコミは，けっして「三方一両得」の主役ではなく，「三方一両得」を実現するためのサポート役に徹するべきである．目先の入込み客数や視聴率稼ぎではなく，観光地が子や孫の代までその魅力を増し続けていけるような観光開発・観光振興を，これに関わる主体すべてが協力して進めていかなければならない．そのためには，地域にとって「何が幸せか」を問い直し，観光開発・観光振興によって「誰が幸せになるのか」を常に意識しながら状況判断を行う必要がある．

8.3　被災地観光の現状

8.3.1　県都まるごと保存して地震テーマパークにした中国四川省北川県

　観光振興のメリットを理解し，復興に寄与する被災地観光の実践例を紹介する．最も顕著な事例としてあげられるのが，2008 年 5 月 12 日の四川大地震の被災惨禍をそのまま保存し，観光地化した中国四川省の北川県である．

　北川県は四川省第 2 の都市綿陽市から約 40 km 山間に入ったところにあり，もともと少数民族の羌（チャン）族の自治県であった．羌族は震災前に総人口が約 32 万人いたが，震災で約 10 分の 1 の 3 万人が犠牲となった．四川大地震の死者・行方不明者の総数は約 9 万 7,000 人であるので，その 3 分の 1 が羌族である．羌族は中国の最も古い少数民族のうちの一つであり，独自の文化伝統を重んじ，現在まで衣食住すべての面で独自の民俗的なライフスタイルを維持してきた．しかし，今回の地震でその文化伝統の継承面でも大打撃をこうむった．さらに旧北川県は地形的にも大きな活断層の真上にあり，巨大な落石が頻発し，川の氾濫にも見舞われることから，ここでの復旧復興はせず，この地から約 27 km 離れた安県の平坦な農業地帯に新しい北川県都を建設することになった．

　新都市建設の計画を策定するプロセスの中で，地域の歴史の専門家が，子ども

達の未来のことを考えたら旧市街を残して地震教育に使うべきとのアイデアを提示し，当時の首相・温家宝が政治力を発揮し，その場で指示を出したといわれている．

a．北川老県城地震遺址　北川老県城地震遺址は，近隣の大都市綿陽市からこの地域（安昌，永昌，新北川）へのバスの終着ステーションがそのまま入口につながっている．そこで17元のチケットを購入し，専用バスに乗車する．専用バスは高台からの景色を概観しながら次第に谷間へと下っていき，元メインストリートの入口で乗客を降ろす．あとはメインストリートに沿って徒歩で見てまわる．

　県政府施設，北川大酒店（ホテル），北川中学等の廃墟を間近で見学できる．倒壊の恐れがある建物は支柱で補強してあるが，できるだけそのままの状態で保存されている．面積は1.2 km^2 にも及ぶので，壮観な景色である．

　敷地内にある5.12汶川特大地震紀念館は，2013年5月9日にオープンした資料館である．入場は無料．地震の資料と，いかに国家・共産党・県政府・人民軍・警察・公安・消防・医療チームが奮闘したかということを展示している．当時の胡錦濤総書記が，いかに地域を思って行動したかというところに展示の約4分の1が費やされている．入ってすぐ，胡錦濤総書記の言葉が刻まれた石碑が鎮座し，胡総書記が陣頭指揮を執ったときのハンドマイクが恭しく展示されている．

　入場者は1か月で約10万人を数え，団体旅行よりも個人旅行でとくに家族連れが多いとのことである．四川省内からの来訪者が約95％を占め，その中で，80％が近隣の綿陽市近くから来ている近隣型観光地である．ただ，四川省第1の都市成都市から四川省が世界に誇る観光地九寨溝までの道中に近い位置に立地することから，今後はその道中に立ち寄るパターンのツアーの造成が期待できる．

　この二つの施設を中心に，震災後，北川羌城旅遊区が形成され，羌族の伝統的村落を復元した吉那羌寨やゴムボートで急流下りを体験できる北川漂流が新たに導入された．北川羌城旅遊区は新北川県城も含まれており，広場を中心とした公園である抗震紀念園，北川羌族民俗博物館，文化中心等がある．文化中心では羌族の伝統を表現した舞台芸術寓羌部落も上演されている．

　8.2.1項でも述べたように，観光は地域のアイデンティティをアピールする格好の手段になるが，この北川県における羌族の文化が大きくクローズアップされている事例からも見て取れる．

8.3.2 国家主導で津波惨禍を新たな資源として積極的に活用するタイ・パンガー県

2004年12月26日に起こったマグニチュード9.0のスマトラ沖地震による津波は，インド洋に面する11か国に直接的な被害を及ぼし，タイ国でもアンダマン海沿岸地域の死者は5,309名，行方不明者は3,370名，建物等の被害額は約103億バーツ（約350億円）に至った．

パンガー県が最も甚大な被害があり，6郡，14町，45村で4,615世帯，18,460名が被災した．プーケットは国際観光地として知られているが，北に隣接するパンガー県にも白砂のビーチが広がっており，中でもプーケットから北に約100 kmの地点に位置するカオラックはあまり日本人にはなじみはないが，ビーチリゾートとしてドイツ人等の外国人観光客には既にその価値を認知されていた．

a. ルアトー813 津波記念公園・博物館建設予定地（カオラック・バーンニヤン村） タイ国王の第一子ウボンラット王女の息子クンプム氏が，カオラック・バーンニヤンビーチに位置するラ・フローラホテルで津波に巻き込まれて亡くなった．ウボンラット王女はクンプム氏の死を悼み，海上で警護していた海上警察813艇も被災して，この地まで流され地上に打ち上げられていたものをモニュメントとして保存し，周辺を博物館・記念公園に整備する計画のもと，急ピッチで建設が進められている．

当地は震災前ゴム園であったが，震災の2年後から王室主導で土地を買収し，地権者や地域住民の反対もなく建設に着手することができたとのことである．

津波が襲った12月26日は，毎年このルアトー813艇の前で大々的に王室主催の慰霊祭が行われている．

b. ナムケム村の漁船が保存されている公園 ナムケム村で漁船が保存されている公園が海岸から2〜3 kmほど内陸に入ったところに位置している．この地域にも津波は押し寄せたが，坂道なので大きな被害はなかった．しかし，漁船が流されてきて，この地域の商店兼住宅にぶつかって止まった．

政府（文化省）は津波の1年後，その当時はまだ漁船が放置されていたままだったが，商店にぶつかったままの形で保存したいと思い，店主に売却をオファーしたが店主は家を手放したくないので売らなかった．その後，店主と議論して，船を家から離して裏の空き地に公園として整備するという現在の形に落ち着いた．店主は結局土地を売却せず，もう1隻近所に流されて放置されてあった船も当地

までレールを引いて移設して，計2隻を展示した公園が，津波の4年後に完成した．

c．ナムケム村津波記念公園　タイはもともと外国人観光客を広く受け入れており，とくに日本と比較すると欧州人観光客の入込みを多く得ていた．津波でタイ全体の死者5,309人中，タイ人が1,728名，外国人1,240名，国籍不明が2,341名という内訳となっていることからも，多くの外国人が犠牲になった．当地はナムケム村の海岸沿いに位置し，もともとドイツ人を中心とする外国人観光客が多く訪れるリーズナブルなビーチリゾートであった．

　津波により多くのドイツ人観光客と屋台村を形成していた地元民が犠牲になった．多くのドイツ人が亡くなったことで，ドイツ企業が出資して，タイ国軍が津波記念公園として建設・整備をし，津波の1年後に完成した．津波で流された漁船をモニュメントとし，そのまわりを犠牲者の名前を記した陶板が埋められている壁が囲んでいる．目測では8～9割がドイツ人，残りがタイ人の名前が刻まれてあった．現在でも犠牲になったドイツ人観光客の家族や友人らが訪れている．

d．地域住民からの反対意見が見られなかった要因　今回の調査地に関していえば，タイでは中央政府，王室等のステイクホルダーが主導して惨禍を撤去するか保存するかを決定している．すなわち，トップダウンで推進されている．

　今回の調査地では惨禍の保存に関して，地域住民の反対意見があまり見られなかったことも特筆すべき事象である．それには，いくつか複数の要因が考えられる．地域住民がまちづくりに主体的に参加する機会が今までなかったため，村の復興に自分の意見が反映されるとは思ってもみないという状況だったようだ．

8.4　おわりに — 被災地観光を地域の内発的発展に結びつけるために —

　中国四川省およびタイ・パンガー県における事例を取り上げてきたが，世界では他にもインドネシアのバンダアチェ，台湾台中市等も好事例としてあげることができる．このような自然災害の惨禍を地域資源（遺産）として観光振興に取り組む際，真に地域住民，観光客，観光事業者の三方一両得を実現するものにするために，応用できる点を以下に列挙して，本章のまとめとしたい．

a．犠牲者の生きてきた証も同時に残し，未来に希望がもてる展示にする　津波で流された船，地震で破壊されたビルなど，ただ"珍しい景観"として残すと

いう意識を越えて，そこに自然災害が襲って来る直前まで息づいていた地域住民の生活の証そのものを残すという発想が大切である．中国では破壊された県都を見せるにとどまらず，紀念館では新たに建築された新県都の紹介もされている．破壊された建物の前にはそれぞれ，その建物で犠牲となった，もしくは生き延びた人間達が災害時にどれだけ奮闘したかというストーリーが展示公開されている．未来への希望がもてる展示にしていくことが求められる．

b. 記念碑は風化する　タイ・パンガー県の津波共同墓地には津波をデザインしたコンクリートの彫像が存在するが，7年で誰も見向きもしないような状態になっている．記念碑の訴求力は現物と比較して格段に劣り，とくに観光客にとっては見るべき対象にはならない可能性が高い．

岩手県の浄土ヶ浜には，明治三陸津波の記念碑がまだ建っているが，彫られた文字は風化しており，今や読み取るのは困難である．惨禍を永久保存したほうが，現在の観光客にも共感が得やすく，将来にわたってメッセージを伝えることができるのは明白である．

c. 定期的な追悼行事　タイにおいて，ルアトー 813 が地域住民にとっても自分達のアイデンティティとなれたのは，毎年 12 月 26 日に慰霊祭を行い，ウボンラット王女が毎年欠かさず訪問するからである．

共同墓地に現在誰も訪れず，ナムケム村の漁船が保存されている公園の来訪者が減少したのも，行事が定期的に行われていないからである．公園に記念碑を整備しただけでは，人は数年で来なくなるので，定期的に追悼行事を行うべきである．

d. 政策決定プロセスにおけるステイクホルダーの意見の反映　中国では国家主導で意思決定がされ，タイ・パンガー県では，外国企業，中央政府，王室といったステイクホルダーがトップダウンで惨禍の保存を決定した．

一方の日本では，惨禍を保存するか撤去すべきかは，すべて地方自治体ごとの決定に委ねられた．地方自治体に決定をすべて託した場合，住民と常時直接やりとりをしている立場だと，目の前にいる住民の意見を最も反映することになるのは当然である．しかし，観光を考えていくのであれば，惨禍を保存する決定に関わるステイクホルダーは地域住民だけでなく，観光客の意向も取り入れなければならない．

被災地を観光で経済振興していくことを考えていくのであれば，惨禍を保存す

るプロセスにおいてその地域だけに限ったことではなく，他地域の主体を巻き込んで考えていかなければならない．それが難しいのであれば，被災地の復興支援に観光を組み入れることは期待しない方がよい．

　観光は，市井の一市民に語りかけるものであること，時間を越えて未来へ伝えることができること，この２点が実現できる類まれなる手段である．故に，観光振興を単なる経済復興としてとらえるだけでなく，防災教育や啓蒙のため，そして地域のアイデンティティのアピールのためにもさらに活用することが重要であると考える．

注

1) 「ダークツーリズム」の議論がこれにあたる．日本においては井出（2012）が「悼む旅」といった概念を提唱して，ダークツーリズムが哀しみを共有する旅であるといった側面が強調されて伝わっている．しかし，これは日本だけの特色であり，本来英国でのダークツーリズムは，幽霊屋敷探訪のように，おどろおどろしいものを敢えて見るといった興味本位のニュアンスも多分に含まれており，被災地観光＝ダークツーリズムではなく，ダークツーリズムの中の一側面として被災地観光があるという関係性で捉えた方がわかりやすい．
2) これの最たる例が東日本大震災後に三陸鉄道が取り組んだ「三陸フロントライン」プロジェクトである．
3) 2011年3月11日に東北地方を中心に広範囲に被害をもたらした東日本大震災の復興過程では「被災地を観光することも支援の一形態」との視点が官民挙げて初めて大々的に提示された．「復興観光」「ダークツーリズム」という言葉が日本でも語られ始めたのは東日本大震災以降である．
4) とくに，開発途上国ではこの傾向が顕著であり，英国に拠点をおくNGOツーリズムコンサーンの調査によれば，タイの観光地では，「観光収入の70％が先進国の企業に流れていってしまっている」と報告されている．

9. 地域交通と内発的発展

9.1 はじめに ― 公共交通の内発的発展 ―

　持続可能な公共交通，地域交通の策定に向けた交通政策，地域政策において，内発的発展はどのような意味をもつのだろうか．本章は，公共交通，とくに地域公共交通の現状と課題を，日本，アジアおよび欧米主要国について内発的発展の観点から比較・考察する．具体的には，交通インフラ整備とその運営改革，公共交通をベースとしたまちづくり，地域活性化に関する話題を取り上げる．とくにICカード（乗車券）の導入・拡大が，公共交通政策の内発的発展に果たす役割について，比較・検討する（表9.1参照）[1]．

表 9.1 日本，アジア，欧米における公共交通の現状と課題および内発的発展（著者作成）

	公共交通の現状と課題	公共交通の内発的発展
日　本	・ICカードの導入，普及・拡大 ・相互利用サービスの導入・拡大 ・公共交通のシームレス化の推進 ・ICカードによる公共交通の活性化 ・「駅ナカビジネス」の展開 ・まちづくり，都市整備との連携	・公共交通における利便性の向上 ・公共交通のシームレス化の推進 ・ICカードの「生活カード」化，「地域カード」化 ・少子高齢化に対応した公共交通の整備 ・公共交通の活性化，優位性の確保
アジア	・ハード・インフラの整備が課題 ・独自に進化を遂げつつあるICカード ・ICカードの「汎用カード」化 ・政府開発援助（ODA）の活用 ・初期投資の負担軽減策	・ICカードの需要の増大 ・地域の現状になじんだ導入 ・公共交通システムの整備の推進 ・ソフト・インフラの整備への期待 ・国際標準化への対応
欧　米	・グローバルな交通政策を展開する一方，地方分権的な地域交通政策を推進 ・持続可能な公共交通システムの構築 ・LRTを活用したまちづくり，都市整備 ・運輸連合，「地域化」の普及・拡大	・自律的な都市公共交通システムの設計 ・公共交通の再生・復権への取組み ・持続可能な公共交通政策の推進 ・地域公共交通の自律的な運営 ・若者の公共交通への自発的な回帰

なお，ここでいう公共交通の内発的発展とは，「省エネルギー，環境保全に優れた特性を有する公共交通機関の利用・拡大を，当該地域の人々が主体的に自覚し，（上からの政策によらず）各地域住民の自発的，自律的な意志から，その利・活用を通じて，当該地域の公共交通の拡大・発展に努めること」と定義する[2]．そして，自家用車を中心とした私的交通に対して，鉄道，バス，タクシー，フェリーといった公共交通機関の自発的な利・活用が持続可能な公共交通の内発的発展に寄与するものと考える．

9.2　ICカードによる都市交通の内発的発展

2007年3月，東日本旅客鉄道（JR東日本）のICカードSuicaと，私鉄，地下鉄などのパスネットとバス共通カードをICカード化したPASMOとの相互利用（サービス）が開始された．これに伴い首都圏の公共交通ネットワークは実質的に1枚のカードで移動できるようになった．さらに2013年3月，全国10種類の相互利用もスタートした．これによりICカードシステムで結ばれたシームレスな世界最大の交通ネットワークが誕生した[3]．ICカードの相互利用は，乗継ぎ時間の短縮，利便性の向上，利用促進に資するが，相乗効果によって，その後のカード利用は急速に拡大した．相互利用は当該ネットワークの利用者に対して1枚のカードで複数のカードの便益が享受できるというネットワークの外部効果をもたらす．またふだんは利用しないが，利用したいときはいつでも利用できるという（存在便益ともいうべき）「利用可能性」（外部経済）を伴うものとなる．

ICカードの導入・相互利用サービスは，鉄道のみならず，バス，タクシー，フェリー，さらには航空といった異なるモードのネットワークをも連結する．すなわち公共交通をトータルなシステムとして機能させる．それにより公共交通全体の利便性が向上し，利用機会が増幅する．交通は，ネットワークがネットワークとして機能してはじめて価値をもつ．このことは公共交通が私的交通にとって代わりうる可能性を示唆している．既に大都市圏では私的交通に対する公共交通の優位が確立しているが，少子高齢化が進展する地方においてもICカードの導入によって公共交通が優位性を確保する可能性がある．

少子化で，今後，需要が見込めない中，ICカードの導入と相互利用サービスは，（相互直通運転とともに）公共交通機関の利便性を飛躍的に向上させる．それは公

共交通全体の内発的発展に寄与する．シームレスな公共交通の利便性を自覚した利用者は自律的，自発的に公共交通機関の利用を心掛けるからである．これまで交通事業者は相互に熾烈な競争を展開してきたが，近年，様々な分野で異なる事業者同士の提携が進んでいる．そうした提携によって事業者側の直接的な利益が上がるわけではないが，公共交通のシームレス化，利便性の向上がもたらす社会的便益・厚生はきわめて大きなものとなる．このような自律的な公共交通政策の展開はこれまで見られなかったことである．

いうまでもなく，大都市圏の公共交通ネットワークはこれまで一定の整備が行われ，概成した．大都市圏の鉄道システムは相当程度整備されてきたが，これから都市交通に求められるのはクオリティである．その追求にはシームレス化の推進が不可欠となる．今後，社会に求められる公共交通サービスは，移動の快適さはもちろんのこと，生活クオリティの向上，豊かで成熟したライフスタイルへの転換を促すものでなければならない[4]．その意味でICカードの導入と相互利用サービスの実現はシームレスな公共交通の内発的発展に大きな役割を果たすだろう．高齢化社会を迎え，公共交通機関には利便性向上のため一歩進んだシームレス化への対応が求められている．

少子化で，通勤・通学客が減少していく中，一方で高齢者が通院や買物に公共交通を利用する機会は増えていく．そのような需要に対して，都市部のみならず地方においてもICカード導入による公共交通サービスの向上は重要な意味をもつ．既に電子マネー機能に代表されるように多様な機能をもつようになったICカードは，もはや人々の生活にとって欠くことのできない「生活カード」となっている．また交通系ICカード（nanacoなど）と流通系ICカードとの相互利用も進んでいる．こうしたICカードの普及・拡大は，大都市圏のみならず，地方都市，さらには島嶼部でも進んでいる．

9.3 地方都市における公共交通の内発的発展[5]

香川県高松市では高松琴平電気鉄道（ことでん）が2005年2月に四国の交通機関としては初めてICカード「IruCa」を発行した．IruCaが使える場所は商店街の主な店舗，駅内外の自動販売機，栗林(りつりん)公園，玉藻(たまも)公園，市立美術館といった観光地，文化施設，駐車場など多岐にわたる．のみならずIruCaは香川大学の学生

証や高松市役所の職員証にも搭載された．住民票発行の手数料や市民病院の診療費の支払い，あるいは県庁の職員食堂や売店でも使える．今後は年金手帳や健康保険証など「社会保障カード」としての機能が期待される．こうした展開は表向き大都市圏の IC カードと同じように見えるが，その役割は大きく異なる．

地方都市では地域に魅力なくして人が交流することはない．公共交通の活性化もありえない．高松市の商店街の流動人口の推移は鉄道輸送の減少傾向に合致していた．そこで，中心市街地の活性化なくして，公共交通の再生はないとの「ことでん」自らの判断から電子マネーを活用した商店街との連携が模索された．公共交通がなくなればまちも消える．そうならないためには，車社会におけるまちのあり方を変えていく必要がある．画一的な車社会ではなく，大都市にはない人情味あふれる豊かなまちづくりを進めていくことが求められる．その意味で，「ことでん」に課された使命は大都市にはできない魅力ある地域づくりにあったといえよう．実際，「ことでん」は，「うみ・まち・さと─心でむすぶ」をモットーに掲げ，地域とともに IruCa を活用したまちづくりに取り組んでいる．むろん IC カード導入の所期の目的はシームレスな公共交通ネットワークの実現にあるが，IruCa はむしろ「地域カード」としての役割を果たしている．

松山市を中心に鉄・軌道線，路線バスを運行する伊予鉄道（伊予鉄）も地域住民の足として重要な役割を担ってきた．しかし，1960 年代をピークに，鉄道，バスの輸送人員は大きく減少した．歯止めがかからない利用客の減少は伊予鉄に「運輸事業存続に対する強い危機感」をもたらし，公共交通再生への取組みをスタートさせた．この取組みに際し，伊予鉄は，行政，市民が進めるまちづくり「松山市オムニバスタウン計画」（2005〜2009 年度）と連携した．そこで注目された施策の一つが「交通 IT 化の推進」，すなわち IC カード導入による公共交通の活性化である．

伊予鉄では従来から鉄道・バス共通の磁気式プリペイドカードを発行していたが，2005 年 8 月に IC カード「IC い〜カード」を発行した．IC い〜カードは当初から電子マネー機能を搭載し，松山市内の各種店舗，レジャー施設，自動販売機などで利用できる．また松山港を基点とする中島航路にも利用範囲を拡大した（2009 年 4 月）．これにより陸路（鉄道・バス・タクシー）と航路（フェリー）との相互乗継ぎが実現した．なお，直島（香川県）でも 2009 年度に四国運輸局により IC カードの導入実験が行われた．

地方都市存続の鍵は地理的な辺境性を優位性に変えていく戦略にある．IruCa や IC い～カードの成功は当初から IC カードを「地域カード」として位置づけ，（P. コトラーが提唱する）地域経済の活性化のみならず地域住民の生活・文化の向上に資するプレイスマーケティングを展開していったことにある．それが内発的発展のプラットフォームを提供するものとなった．そして，公共交通と中心市街地の融合化が，地域を活性化し，地域交通事業者としての存在意義を高めるものとなった．

　四国の IC カードのユニークさは，システム環境の独立性にある．各社とも独自の方式で IC カードシステムを立ち上げ，自ら運営している．これにより最先端の IT 技術を通じて地域に密着した固有のサービスを提供できるようになった．現在，四国では（カード規格が異なるため）IC カードの相互利用はないが，IruCa, IC い～カード，「ですか」（エコポイント機能を付加した土佐電気鉄道の IC カード）には，それぞれユニークなサービス機能が付いている．これらの機能を相互補完する形で共通化を進めていけば，あるいは新たな展開があるかもしれない．

9.4　アジアの地域交通と内発的発展

　アジアでも，香港，ソウル，シンガポールといった都市では早くから IC カードシステムが導入され，それぞれ独自の進化を遂げてきた．いずれも電子マネー機能の他，様々な機能を搭載，汎用カードとしての利便性を備えている．しかし，一方では，ベトナム・ホーチミン市のように，ハード・インフラの整備がより重要な課題となっている都市もある．ホーチミン市では，現在，7 路線の都市鉄道計画があるが，いずれも日本の支援を受け，整備が進められている[6]．今後は，ハード・インフラの整備だけでなく，IC カードシステム，あるいは「駅ナカビジネス」といったソフト・インフラの整備が期待される．ただ日本の先例をそのままあてはめてもうまくいかないだろう．あくまでも当該都市に見合ったシステムでなければならない．既に東アジアの諸都市ではタイプ A のカードが普及・定着し，電子マネー機能はもとより，交通 IC カードを住民基本カードと連動させ，健康保険証や納税カードに応用するなど，ID カードとしての利用も進んでいる．

　今後，アジアでは，IC カードの需要がさらに見込まれる．日本政府は，現在，政府開発援助（ODA）を活用した IC カードシステムをアジアへ輸出することを

検討している[7]．交通 IC カードの仕様は世界に複数あるが，日本のフェリカ方式は性能が高く，乗換えにも対応しやすい[8]．一方，欧米型は機能では劣るものの安価なためアジアでも普及しつつある．いったんアジアで欧米方式が全面的に導入されると巻返しが難しくなる．いわゆる，クリティカルマスに関わる問題である[9]．したがって，早急に日本が取り組んでいるフェリカ方式を導入・普及させる後押しが必要となる．ODA で初期投資負担を軽くできれば，性能の優れたフェリカ方式の普及も進む．そうなれば日本人にとっても海外旅行の際，移動や買物にも便利となる．電子マネー機能を付加したサービス需要の拡大も期待できる．それは最終的に駅ナカビジネスの海外展開にもつながるだろう．

電子マネーをはじめ IC カードは国境を越えて展開していく．世界の IC カードがこれまでのようにばらばらに発展するのは好ましくない．実際，IC カードの技術仕様の国際標準化，調和化（ハーモナイゼーション）が重要な課題となっている[10]．ただ乗車券アプリケーションは地域ごとに最適化されており，地域に密着した法規制，制約や慣習が多く，互換性もない．国際標準化という方向性はもっともだが，実際に国際標準を作成するのは難しい．できたとしても不必要な機能を多く含む情報システムとなり，経済的に無意味なことが多い[11]．したがって，それぞれの国・地域の IC カードが，それぞれの特性を保ちながら相互利用の可能性を探っていくのが現実的な策ではないかと考える．

9.5　欧米の地域交通と内発的発展

欧州では EU 統合とともにグローバルな交通政策が展開される一方，ドイツの「地域化」（Regionalisierung）のように，地方分権的な公共交通の運営もみられる[12]．1965 年，ドイツ北部の港湾都市ハンブルクに運輸連合（Verkehrsverbund）が誕生した．運輸連合によって当該域内は 1 枚の乗車券（共通乗車券）で移動可能となった．公共交通シームレス化の先駆的事例ともいうべき運輸連合の形態は，各州・地域ごとに多種多様，バラエティに富むが，いずれも当該州・地域の公共交通の自律的，内発的な発展に貢献している．

フランスでも 1982 年の国内交通基本法（LOTI：Loi no.82-1153 du 30 décembre d'orientation des transports intérieurs）の制定により公共交通の地方分権化が進んでいる．LOTI は移動の権利を，いわゆる「交通権」として定めた上で，各市

町村（コミューン）やその連合に都市圏交通局（AOTU：Autorité Organisatrice de Transport Urbains）を設置，都市圏交通計画（PDU：Plan de Déplacements Urbains）の策定とその実施を謳っている．さらに，「大気とエネルギーの効率的な利用に関する法律」（LAURE法）の制定（1996年）により，人口10万人以上の都市圏にはPDUの作成が義務付けられ，地域主体の交通政策が展開されている[13]．

こうした法制度の下，フランスでは，環境に優しい公共交通機関としてLRT（Light Rail Transit）が普及しつつある．LRTは旧来の路面電車と異なり，公共交通優先のまちづくりに重要な役割を果たしている．例えば，ストラスブールは，自動車依存の都市からLRTを基軸とした公共交通の都市へと転換，景観と環境に配慮したまちづくりを進めている．

かつて，自動車が「移動の自由」のシンボルであった米国では，人々が広い家と庭を求めて都心から郊外へ出ていった．その結果，郊外には自動車移動を前提としたコミュニティが形成された．しかし，近年，このような流れに変化が起きている[14]．自動車運転免許保有者に占める若者の割合が低下，自動車離れが顕著となった．彼らは自動車を運転しなくなっている．自動車よりスマートフォンなどモバイル機器を重視する．反面，移動には公共交通機関を選択するようになった．また，その利用を前提とした生活環境（都市部）を選ぶようになった．このような若者の自動車離れ，公共交通への自発的な回帰は，新たな若い世代の行動様式，環境意識の変化として注目される．

欧米では公共交通の利用促進，それをベースにしたまちづくり，地域経済の活性化が重要な政策課題となっている．高齢化社会を豊かで質の高い成熟社会にするため公共交通システムのグレードアップに努めている．人と環境に配慮した都市づくり，公共交通を軸にしたまちづくりを進めている[15]．そこには自治体は公共交通の公共性の維持に徹すること，公共交通は自治体が責任をもってその運営・維持に努めるべきであるとの認識がある．住民もまた公共交通は自分達のものであるとの意識が強い．自動車の役割は認めながらも，できるかぎり自動車を市内から締め出し，人間主体のまちづくりを進める．乗り物側から見た移動ではなく，人間の側から見た移動である．このことは必ずしも車社会を否定するものではない．いわば自動車と公共交通の共存，すみ分けといえる．

9.6 おわりに ── 公共交通政策のパラダイム転換 ──

　公共交通は，重要な社会インフラとしてコンパクトシティなど都市の活性化，地域経済の再生，まちづくりの基盤となる．また大気汚染，温室効果ガス，騒音・振動等，自動車による環境負荷を軽減し，交通事故の減少や道路混雑の緩和にも貢献する．こうした公共交通（ネットワーク）が，これからも重要な社会インフラとしての役割を果たしていくためには，利用者側から見て何が求められているか，絶えず検証していく必要がある．サービスは利便性を高めれば普及する．公共交通も便利になればなるほど喜ばれる．利便性を突き詰めていけば社会インフラとしての公共交通システムの将来像が見えてくる．

　公共交通は，提供する側と享受する側とが互いに呼応することで，その自律的価値を高めていく．人口減少，高齢化，地域経済の衰退が進むこれからの社会において，持続可能な豊かな社会を実現していくためには，多くの潜在可能性を有する社会インフラとしての公共交通の内発的発展が大きな意味をもつ．それは旧来の20世紀型公共交通政策にパラダイムの転換を迫るものとなろう．

注と参考文献

1) 　内発的発展の基本概念については以下を参考にした．東洋大学国際共生社会研究センター監修：『国際開発と環境』，pp.2-6, 14, 101-102, 116，朝倉書店，2012
2) 　公共交通の内発的発展として以下の点を指摘する．
　① 当該地域の現状に見合った公共交通の展開を図る．地域固有の資源を自己創造的に利・活用する（それは結果的に市場を細分化，場合によってニッチ市場化，ガラパゴス化する）．
　②（コンパクトシティなど）少子・高齢化社会の到来を見据えたまちづくり，都市整備を進める．公共交通のシームレス化に努める．
　③ エコシステム採用など環境保全に重点をおいた持続可能な社会の実現を目指す．そのための交通環境政策を推進する．
　④ 自治体（コミューン）主体に地方分権的な公共交通政策を展開する．
　⑤ 公共交通サービスの提供に際し，市場経済，市場メカニズムとの連携・融合を図る（経済インセンティブの付与，民間活力等競争原理の導入）．
　⑥ 当該地域で生産される公共交通サービスは当該地域で消費される．その便益は当該地域に帰着，還元される（ものとなる）．

3) IC カード Suica については椎橋を参考にした．Suica はデータ保存や運賃計算を画期的な「自律分散システム」で行っている．椎橋章夫：『Suica が世界を変える　JR 東日本が起こした生活革命』，東京新聞出版局，p.161，2008

椎橋章夫：『ペンギンが空を飛んだ日　IC 乗車券・Suica が変えたライフスタイル』，交通新聞社，2013

4) 片野 優：『ここが違う，ヨーロッパの交通政策』，白水社，2011

宇都宮浄人：『鉄道復権——自動車社会からの「大逆流」——』，新潮社，2012

宇都宮浄人：鉄道事業単体で収支を見ると〝市場の失敗〟を招く，「週刊ダイヤモンド」，ダイヤモンド社，pp.44-45，2013 年 7 月 20 日号

5) 本節は以下の文献を参考にした．

伊予鉄道株式会社：CONCEPT，伊予鉄道株式会社，2007

伊予鉄道株式会社：公共交通再生への取り組み，「四国運輸研究」，第 28 号，pp.20-26，四国運輸研究センター，2010 年 12 月

松山市都市整備部総合交通課：総合的な交通施策の取り組み～松山市～，運輸調査局「運輸と経済」フォーラム 2008，2008 年 9 月 8 日

岡内清弘：交通系 IC カードから「地域カード」へ進化する IruCa，「みんてつ」，No.32，pp.12-16，日本民営鉄道協会，2009

土井健司：交通 IC カードによる地域おこし，国おこし，「みんてつ」，No.32，pp.4-7，日本民営鉄道協会，2009

真鍋康彦：「ことでん」の再生と「IruCa」によるまちづくり，「みんてつ」，No.32，pp.8-11，日本民営鉄道協会，2009

堀 雅通：「地域カード」としての IC カード乗車券の内発的発展（コラム 8），東洋大学国際共生社会研究センター監修：『国際開発と環境』，pp.145-148，朝倉書店，2012

堀 雅通：地方都市及び島嶼部における IC カード乗車券導入の現状と課題—四国地方の事例を中心に—，「現代社会研究」，第 10 号，pp.25-33，東洋大学現代社会総合研究所，2013 年 3 月

堀 雅通：交通系 IC カード事業の現状と課題，「運輸と経済」，**73**（10），4-12，運輸調査局，2013 年 10 月

6) 田中正典：日本コンサルタンツの現状と今後の展望，「運輸と経済」，**73**（8），32-40，運輸調査局，2013 年 8 月

渡邉 亮：ベトナム ハノイにおけるバスの現状と課題，「運輸と経済」，**73**（9），82-90，運輸調査局，2013 年 9 月

7) 日本経済新聞，2014 年 1 月 28 日号，参照．

8) 国際的に共通の IC カードも必要とされるが，日本を含め東アジアで普及しているフェリカ方式の IC カードは世界からみればかなりマイノリティである．ソニーの開発したフェリカ方式の通信規格は JIS に定義されたサイバネ規格をもとに提案されたが，この規格は ISO 14443 の国際標準規格には定義されていない（定義されているの

はタイプAとタイプBのみ). もっとも, フェリカ方式は, 近年, タイプAとともにNFCIP-1という新たな国際標準規格の定義を得るに至った. ちなみにタイプAはロイヤル・フィリップス・エレクトロニクス社 (オランダ) 提案, タイプBはモトローラ社 (アメリカ) 提案のカード規格である. 岡田仁志：『電子マネーがわかる』, pp.178–183, 日本経済新聞出版社, 2008

9) 一般の財でも観察されるが普及のテンポはS字状のカーブを描く. とくに「ネットワークの外部性」があると初期の立上がりが急勾配となる. そのため普及の初期に超えなければならない閾値あるいは臨界点, いわゆるクリティカルマス (critical mass) が観察される. このレベルを早期に超えたネットワークはその後は自己増殖的に発展するが, そうでない場合は自然消滅する. 林紘一郎：『ネットワーキング──情報社会の経済学』, pp.38–47, NTT出版, 1998

10) IC乗車券等国際相互利用促進方策検討委員会：IC乗車券等の国際相互利用促進方策について (中間報告) ～IC乗車券によるアジア各都市のシームレスな旅行の実現に向けて～, (2007年12月). 岡田仁志：『電子マネーがわかる』, 163–178, 日本経済新聞出版社, 2008

11) 荻野隆彦：ICカードからみた交通のシームレス化とインターオペラビリティ, 「運輸と経済」, **68** (10), 43–50, 運輸調査局, 2008年10月

12) 「地域化」(1996年実施) とは公共交通の運営責任を中央 (旧ドイツ連邦鉄道) から地方 (州) に移管すること. 地域化を機に運輸連合が相次いで設立された. 土方まりこ：ドイツの地域交通における運輸連合の展開とその意義, 「運輸と経済」, **70** (8), 85–95, 運輸調査局, 2010年8月

13) LOTI, AOTU, PDUの詳細については以下を参照のこと.
  板谷和也：フランス国内交通基本法LOTIの概要とわが国への示唆, 「運輸と経済」, **70** (8), 77–84, 運輸調査局, 2010年8月
  板谷和也：フランスの都市交通運営組織の特徴と近年の動向, 「運輸と経済」, **72** (11), 82–90, 運輸調査局, 2012年11月

14) 佐藤麗子：アメリカにおける公共交通利用の増加とその背景, 交通新聞, 第4面, 交通新聞社, 2013年4月23日号

15) 片野 優：『ここが違う, ヨーロッパの交通政策』, 白水社, 2011
  宇都宮浄人：『鉄道復権──自動車社会からの「大激流」──』, 新潮社, 2012
  森栗茂一：『コミュニティ交通のつくりかた──現場が考える成功のしくみ──』, 学芸出版社, 2013

10. NGOと内発的発展
― フィールドからの報告 ―

10.1 NGOは地域の内発的発展のアクターの一つ

　非営利組織の中で，海外における開発協力に携わる組織をNGOと呼び，日本国内における開発協力に携わる場合にNPOと呼ぶ場合が多い．NGOの特徴としては，非営利性とともに，途上国の地域で直接住民に対して協力を行うことにある．

　NGOは外部者でありながら，途上国の地域において組織として存在する．視点を地域に移して住民から見た場合，NGOが活動を展開することは，いままでになかった資源が増えることである．NGOは，実質的に地域の内発的発展のアクターの一つとして位置づけられる．NGOが活動することで，開発協力をする地域や組織の自立的成長にいかなる貢献ができるのであろうか．

　本章では，筆者が日本のNGOスタッフとして，途上国農村部でのフィールドで関わった協力活動を通して考察した内発的発展について述べていきたい．

10.2 プロジェクトの実施による能力開発

　ODAであれ，NGOであれ，外国の機関が関わる期間と内容は限られたものである．しかし，外部の機関と人材が関わることには本質的な意味がある．政府によるODAでは，相手国政府の行政能力の開発を進めることで，国全体の能力を高めていく．その一方で，NGOによる国際協力では地域の人材を育成しながら当該地域の能力を高めていく．

　地域の資源（人材やすべてを含む）に，外部からの資源が加わり，いままでになかった動きが出現することが重要な意味をもつ．その新しい動きを作り出す作

業が，プロジェクトである．地域課題は国や地域によって様々である．しかし，その地域のある特定の課題に対して目的を設定して，活動を企画し，地域の様々な人や組織が関わる．NGOが地域で実施するプロジェクトは，正と負のインパクトをもたらす．目に見える動きをつくりだし，正であれ負であれ，影響をつくりだすことにNGOの存在意義がある．

　プロジェクトは，援助する側が設定したものである．地域住民は，通常の暮らしの中でプロジェクトと接点をもつことになるが，プロジェクトのスタッフとして参加する立場となる場合もある．スタッフはプロジェクトの実施に直接的に関わり，外部者と地域住民の橋渡し役となる．また，プロジェクトに関わる人々や組織が実践の中で試行錯誤を行い，新しい知識や技術，考え方を習得したり経験を積むことで，能力が開発されていく．NGOで駐在する日本人スタッフや地元で雇用される現地スタッフもプロジェクトの中で，育てられていく．受動的な研修による能力ではなく，能動的に実践に関わることによる能力開発である．

10.3　生活用水供給プロジェクトにおける地域の内発的発展の取組み

　現場での具体的な取組みとして，ミャンマーの村落で実施した生活用水供給プロジェクトの実践を通して考察した内発的発展について述べたい．プロジェクトの分野の選択は，対象地域の主要課題によって異なる．分野にかかわらず，内発的発展の過程をプロジェクトの中に活かすことで，地域の内発的発展に貢献できるだろう．

　途上国の村では生活用水が安定して得られないことが，開発の阻害要因になっている場合が多い．私の属していたNGO（ブリッジ　エーシア　ジャパン）は，各村で生活用水が得られるように井戸の建設を行った．プロジェクトのはじまりは，ミャンマー政府からの水問題解決に対する協力要請である．ミャンマー政府でも井戸掘りを中心とした水供給を限られた予算と機材，人材で行っていたが，村の水不足は深刻で，外部からの協力を必要としていた．村では，乾季になると毎日数時間をかけて水汲みを行うため，労働時間が少なくなり，貧困の原因となっている．子供にとっても，親が水汲みと農業労働の両方に忙しいため，家の仕事の手伝いで学校を休まざるをえない状態であった．さらに，水が得られないことでトイレや洗濯の水，水浴びや料理の水が不足し，衛生状態が悪化していた．

プロジェクトの計画が立案され，地下水調査，新規井戸の建設，井戸の修繕，村による維持管理能力の強化を活動内容とした．幸い，日本政府からの資金協力が得られ，最初の1年は外務省のNGO向け資金，次の3年間はJICAとNGOの開発パートナー事業として採択され，最初の4年間の継続的な事業を可能にした．

10.3.1 プロジェクトチームの内発的発展の過程

最初に4年間にわたってプロジェクトの継続を保証できたことが，人材育成に大いに役立った．プロジェクトは人で成り立っており，関わる人材の質が高まるに従い，活動内容の質も高まってくる．プロジェクトをつくるのは，プロジェクトチームをつくるということと同じである．

プロジェクトチームの編成にあたっては，地元に精通した同じ地区内のスタッフと，井戸建設や事務の技術面で経験のある首都出身のスタッフをバランスよく採用していった．井戸の深さが200〜300mの管井戸であることから，大型の機械を導入し，技術的な向上が必須であった．まず，コアとして総務，技術，会計の3つをシニアスタッフでそろえ，順次，若手スタッフを吸収していった．井戸建設のためには，技術面では，地下水調査，井戸の掘削，機械の整備，揚水ポンプ整備，水質分析などの技術と，プロジェクトを運営するための庶務，会計，モニタリングなどのスタッフが欠かせない．

ミャンマー政府は数多くの村をターゲットにしていくことを希望したが，一方で，使える機材・設備がミャンマー国内で限られていたことから，一挙に数か村でプロジェクトを実施するのではなく，一つひとつの村を順番に，地下水調査，井戸の建設，井戸の維持管理訓練の一連の作業を行うことができたことが結果的には幸いした．一つの村で実施し，その経験をチーム内で評価し，次の村では改善した方法で実施するという

図10.1 事務所にてスタッフ会議

ことを，4か村を2年間かけて行い，5つ目の村でチームのレベルが一定程度まで向上し，自立的にチームのメンバー一人ひとりが，自分の役割を担えるようになってきた．各々の村で，様々な種類の課題にそれぞれが直面したが，それらの経験を共有化し解決の方法を考えるために，毎週月曜日に各セクションの代表で集まるスタッフ会議を開催したことが，スタッフの意識の向上に役立った（図10.1）．

軍事政権下のミャンマーの教育システムでは，学校においても会社においても先生や上司が生徒や部下を指示・命令する形が一般的であり，皆で同じテーブルで善後策を協議する組織運営を浸透していくために数か月を要した．参加者が会議の報告の中で，村で直面した難しい点を隠さずに，みずからの課題として協議の中に抽出していくこと自体が，マネジャーの大きな任務であったといえる．難しい問題や決めたくない問題に直面すると，上司の決済を仰ぎたくなるが，ミャンマーの地元の村を対象にしており，誰も正解は知らずまた正解もない．とにかくミャンマー人スタッフと話し合った最善策を行い，その結果を見て次の行動をまた考えるというプロセスとし，この中で起こる個々人の結果の良し悪しを追及しないことにした．

1年を経過する頃には，徐々に意識，関心が高まっていった．意識面が高まると，自分達の技術面での向上に関心が高まり，自学で，そして研修に参加し，他地域の技術者の経験を見学に行き，技術面でも向上していった．技術に先立って，自立的な学習を促していく力となる意識や関心，追求心が本質的に必要なものとなる．

10.3.2 プロジェクトを実施する現地技術者の育成

技術は，課題の解決にとって重要な武器である．地下水調査，井戸の建設と修繕，揚水ポンプの設置と修繕を技術部門と位置づけた（図10.2, 10.3）．地下水調査については初期の段階からプロジェクトを特色づける専門分野として位置づけ，日本人の専門家による講習と実践の技術向上を図ったが，他の分野については現在ミャンマー国内で使われている機材と技術に最大限習熟して活用することが行われた．日本の技術で作られた井戸機材や揚水ポンプ機材をそのまま使おうとすると，高価であったり輸入できないために部品交換が困難であったり，機械が繊細であるために燃料の質が悪いことで頻繁に故障を起こす．とくに農村部は交通や通信が不便で，サプライヤーによる販売網や機械サポート網が発達していない．

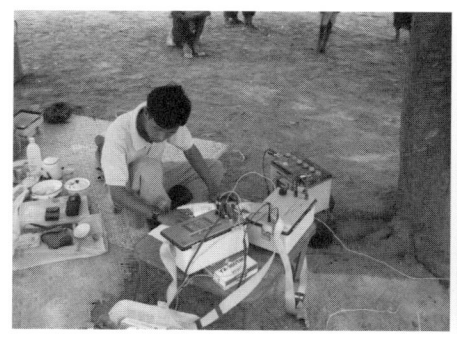

図 10.2　地下水調査　　　　　　　　　図 10.3　井戸の建設

　最初から海外の技術や機材の移転に頼るよりも，国内で使われている技術や機材を国内の他地域や都市で，できる限り収集するようにした．既に国内で広く使われている技術や機材は，操作や修理の方法が理解されやすく，値段が適正で，地域でも受け入れやすい．情報が集積している首都においてサプライヤーと技術者を捜し，現場に来ていただいて技術指導を実施したり，現地スタッフの実施研修を受け入れてもらった．また徐々に，日本の専門家による短期～中期の技術講習も頻繁に導入した．現地にある技術や機材を日本の専門家の視点で見ていただき，改善方法や新たな導入の可能性をさぐるようにしていった．同じ地域で長く携わると，地域での経験は増えるが，一方で本来踏むべき手順を省略していたり，新しいやり方や別のやり方を試さなくなってしまう．日本からの専門家の外部者の意見は重要である．若い世代にとっては新しいことを学ぶ場になり，シニアにとっては専門家と議論することで技術的に困難だった課題の解決方法を知る機会になる．日本から途上国への特定の技術移転よりも，現地技術者の育成をはかることを念頭においたほうが，確実に地域の技術力が開発されていくと考える．

10.3.3　村の技術力の向上

　村で井戸をメンテナンスしていくために，駆動エンジン機械と揚水ポンプに関する初級の技術講習会を開催した（図 10.4）．プロジェクトで育成される現地の技術者が，村での技術講習会の講師となり，村の技術力の向上を担っていった．技術講習会では 2 種類のコースを設定した．まず初級コースとして機械の知識がある人や関心をもっている人を数人村で選んでもらい，集中的に講習会を開催し

10.3 生活用水供給プロジェクトにおける地域の内発的発展の取組み

図 10.4 機械整備の技術トレーニング

た．村単位で養成するのは，日々の操作や定期的な点検，簡易な修理ができる技術者である．そして次のステップで，講習会に参加した人の中で，機械整備の技術が一定以上の基準に達して，向上心がある数人をさらに選んで，上級コースを開催した．上級コースでは，村の数が約 100 で構成されている地区レベルの範囲において井戸の修理や揚水ポンプの修理が可能になるレベルの技術者の育成を目指した．このように，講習を 2 段階に分けて行うことで，ポテンシャルのある人材を地区内で発掘して技術向上をはかるようにした．

一方で，対象地区から 50 km 離れた地区には，約 20 年にわたって機械整備工場を営みながら井戸や揚水ポンプの修理も行っている経験豊富な技術者がいた．国の閉鎖が長く続いていたミャンマーでは国外からの部品購入は非常に難しかったため，旋盤や溶接の機材を使って，様々な部品製造も行っていた．対象地区内だけに限らずに，関連する分野の人脈を頼って広く国内を捜していくと，このような地元のニーズに対応した適正技術を実践している人も見つけることができる．距離的に離れているので頻繁には修理や助力をお願いできないが，ときおり地元で現実的に適応可能な技術的なアドバイスを受けたり，難しい修理や部品製造の場合に依頼することが可能となった．

村の技術力向上のために，日本人の専門家が直に村で技術協力を行うのではなく，現地の技術者が主体になり，対象地区内でポテンシャルのある人材を発掘し育成していくことと，経験の豊富な既存の人材資源を国内全域で捜して連携していく方法をとった．

10.3.4 村による水供給施設の運営

村の定義は多様であるが，ミャンマーでは 50～200 世帯の集合村を，一つの完結する村としてとらえていた．村は行政の末端組織であるが，村長や役員は村から選出された村人で構成されている．

プロジェクトでは，水供給施設（井戸および関連設備）を維持管理するため村の任意組織として水管理委員会の結成を進め，水管理委員会により水道料金の徴収，毎日の水供給，設備のメンテナンスや整備が行われるように促進した（図 10.5）．

経済レベルおよび教育レベルも村によって異なり，また開発への意欲や意識も村によって異なっていた．井戸の維持管理のための機械メンテナンスや会計についての研修会は開いたが，委員会の人選や水道料金の設定など，実際の運営面では村の自主的な運営とした．水管理委員会のメンバーの選出方法や水道料金の設定については，カウンターパート機関のミャンマー政府の担当者は一律の基準で行うことを希望したが，交渉の末，自由なやり方で様子を見ることを承認していただいた．

村によって，運営方法に，かなりばらつきが出てきた．委員メンバーの数は数人から数十人まで様々で，組織構成も議長や会計や監査をもつ村もあれば，議長がすべてをこなしている村もあった．運営方法は水管理委員会が直接に運営していく方法と，業者に委託する方法の二つが出現した．水道料金の貯蓄資金については，赤字から黒字の運営に転換できる村や，余裕のある運営資金で学校の修繕ができる村，一方で経営が困難になる村，村内住民の不信感により解任の危機にある水管理委員会など，様々であった．現地スタッフが定期的に訪問してモニタリングを行っていったが，プロジェクトチーム内での

図 10.5 水管理委員会のメンバー（チョービンター村にて，前列左から 3 番目が筆者）

会議によって村の情報を共有化して，村の経済特性や人と人の関係，うまくいく村のやり方，うまくいかない村の原因など，プロジェクトチーム全員が学ばせてもらった．しかし，村人にとっては，各村が電話や通信網，アクセス道路や交通手段が整備されているわけではないので，近隣の村の状況以外は情報を得ることができない．我々のこの学びは，実は村人にとって重要な情報のはずである．情報は，発展の力になる．情報を的確に村人が得て，村の内発的発展に活かしていけないだろうか．

10.3.5 村人による村の自己分析・評価

まず，村の井戸の設備の詳細，そして村の水管理委員会の経営状況について，村内のなるべく多くの人が知る機会を試みることになった．これは，スタッフ会議における地元出身スタッフの発言で，「水管理委員会が必ずしも村人の総意を反映しているわけではなく，村人が水管理委員会の会計状況に不信をもっていたり，運営への意見があっても，提案をする機会がない」という提言が出されたことがきっかけになっている．運営の良し悪しの指標として「透明性」ということが共通の認識となった．

そこで，各村で，水管理委員会に呼びかけて，村内での情報共有会議を開催してもらうことになった（図10.6）．情報共有会議に，現地スタッフが参加をさせてもらい，モニタリングを行った．会議の目的と，井戸の深度や水位，設置した揚水ポンプの形式，駆動エンジンの形式，井戸建設にかかった経費，維持管理の注意事項についてNGO側から説明を行い，村の水管理委員会から水道料金の設定の経緯，現在の井戸の使用頻度や使用時間，水道料金の貯蓄状況について説明が行われた．そして，村人からの質問時間が設けられ

図10.6 村内での情報共有会議

た．普段，あまり意見を言わない村人であるが，水道料金の設定についての質問が多く出された．お金の管理のことは，村人の経済状態が切実であることからとくに関心事であり，疑問点や疑いが噂で広がり，不満を加速させることにつながるので，細心の注意が必要である．結局，水管理委員会の会計収支の現状を定期的に公開することにより，なるべく多くの村人が運営状況について知ることができるようにした．

　良いやり方，良くないやり方など，漠然と個々人の価値観で評価をしていたものを，指標を設けていくつかの評価尺度で，住民の参加者からわかりやすく見えるようにしていかなければならない．社会調査の日本人専門家の派遣の際に，井戸の維持管理の評価指標ということで，規律・規則，オペレーター，水道料の貯蓄，情報公開，関係者間の協力，メンテナンスという6つの指標で，10段階の尺度で自己評価を行うという方法が設定された．村人にとって，自分の村のことを指標で見えるようになったことは，大きな進化であった．村の参加者で，それぞれの指標ごとの評価点数をつけ，その集計結果を参加者でながめることで，村で共通の認識での自己分析ができるようになった．自己分析ができるようになれば，具体的に，改善すべきテーマや方法を考えることができる．

10.3.6　各村の比較，学び合い

　次に行ったのは，他の村の事例から学びの機会を創出することである．地区内の村の代表者が集まる情報交換会議を開催することになり，第1回目と第2回目は，先進事例の紹介をいくつかの村にお願いした．実は，この方法では成功話のみで，参加者自身の村での改善の実践にはなかなか結びつかなかった．2日間の限られた時間で，気づきと学びの場をつくり，効果的に村で活かすために，どういう話合いの場を設定するか，ということが現地スタッフの間の話合いの争点になっていった．また，なるべく多くの村の事例を学べる機会をつくり，情報交換会議の進め方をミャンマー人スタッフ間で話し合い，役割分担をして進行するようになっていった．それぞれの村の取組みを，水道料の設定金額や水道料金の貯蓄状況，将来の予定等，いくつかの項目に沿ってホワイトボードに記載し，一覧にしていった（図10.7）．そして，参加している村の代表者が感じている課題や問題点を各々書き出し，それを集計・整理したり，問題の原因と結果を分析したチャートにした．村の情報交換会を通して，村人が，対象地区内の村々の情報を

10.3 生活用水供給プロジェクトにおける地域の内発的発展の取組み   129

図 10.7　地区内の村が集まる情報交換会議

得ることができるようになってきた．他の村の現状を見て，自分の村と比較することで，自分の村の改善すべき点について気づけるようになってきた．

10.3.7 計画，実施，評価のサイクル

「自己分析」や「比較による気づき」とは，村人にとっては自分の村の評価ということができる．そして，次に再び計画（Planning）をし，実践（Do）する．そしてまた自己分析・評価（Evaluation）をする．このサイクルが自己学習のプロセスであり，内発的発展の達成には重要である．このサイクルが動き始めるには，課題への強い関心（ニーズ），「自己分析」による課題への明確かつ具体的な問題意識が重要である．課題への強い関心としては，対象地域の水不足の状況が深刻で，水供給施設（井戸と関連施設）の維持が村人の大きな関心事であった．また，NGOが関わることで，上記に述べてきたような村や地区内で村人が集まる会議の開催やNGOによるモニタリングの企画を通して，具体的な自己分析・評価の機会が得られたことが良い方向に作用したように思われる．プロジェクトを担う現地スタッフで，このPDEのサイクルを常に意識しながら，毎週のスタッフ会議をしていった．

10.3.8 経済的自立に向けたプラニングの始まり

このプロジェクトは1999年から始まった．12年間の中で技術面や運営面にお

いては，自立的に，調査，新規井戸の建設，維持管理が可能となってきた．

そこで，経済的な自立を目指して非営利的な組織運営から転換して，井戸掘りや修繕・維持管理という事業が利益を生み出して独自に展開できるように移行していくプランニングが始まった．

井戸の修繕が地区内でできるように，先に述べた技術講習会の上級コース参加者の中から井戸の修繕チームが結成され，技術訓練が開始された．修繕チームには道具や設備が貸与され，実践的に村で井戸修理の訓練を行った．各村から修繕代金を得て，経済的に成り立つように組まれていった．修理部品の調達も地区内でできるように，NGOの事務所の敷地内で運営していた部品の修理工場も民間工場へと自立化の方策が練られた．

10.4　NGOの現場での人材育成による内発的発展

地域の内発的発展をもたらす中身は人であり，人材育成こそがポイントである．NGOは直接現地で活動することから，地域の一つの資源（アクター）として存在する．だが，地域の中に昔から取り込まれている内部者とは一線を画した外部者的な存在である．地域から見れば，外部から訪れた地域の資源といえよう．NGOが地域でプロジェクトを実施することで，なんらかの新しい動きが始まる．地域の人々が組織と接点をもち，あるいは何人かは現地スタッフとしてプロジェクトの運営自体に関わる．目的と期限を設定したプロジェクトの中で，実践，試行錯誤があり，人材が育成されていく．計画→実践→自己分析・評価のサイクルによる自立的な学習プロセスである．学習とは，成功だけでなく，失敗も含まれる．どの活動分野に限らず，実践に関わる中で，人材が育っていく．人材が育つことが，地域に貢献し，地域の内発的な発展の力になっていく．

本章で述べられなかった点は，途上国で遭遇する政治的な不安定性である．ここまで述べてきた地域は国民人口の大半を占めるビルマ族の地域であったが，ミャンマーの中でも国境地域は多民族で，紛争や難民の問題を抱えている．同じ地区内でも村によって民族が異なり，現地スタッフも多民族の混成チームとなる．筆者が関わったスリランカでも紛争被災地域でのプロジェクト実施は多くの困難に直面した．紛争被災地域における内発的発展の分析は，今後の課題である．

（本章は1999～2011年に，特定非営利活動法人ブリッジ エーシア ジャパン（BAJ）の

ミャンマーにおける実践の中で筆者が関わった限られた部分である．なお掲載の写真は当時の写真を使用させていただいた）

参 考 文 献

1) 束村康文，木村信夫，新石正弘：日本の NGO によるミャンマー中央乾燥地域の村落生活用水供給事業の実施，第 14 回国際開発学会報告論文集，2002

11. 脱貧困と内発的発展
― 中国・寧夏における生態移民事業の事例を中心に ―

　長期にわたって，経済学者らが貧困の原因をめぐり，いかに脱貧困を実現するのか，様々な視野による分析と実証研究が行われている．本研究は，貧困に関する理論や先行研究を踏まえ，経済学，社会学，人口学分野等の基本原理と分析方法を利用し，寧夏における貧困地域の開発式脱貧困事例を中心に，中国の都市化における少数民族地域の貧困問題に対して，理論から実証研究に至るまで，全面的な一連の研究を行い，少数民族貧困地域における開発式脱貧困に関する考え方や施策を提案する．

11.1　は　じ　め　に

11.1.1　研　究　背　景
　科学技術の進歩と生産力の発展に伴って，人類は巨大な実績を上げ，物質文明をさらに創造し，自然の支配化から脱したかのように思える．しかし，人間は自然の征服という実績に酔い，結局自然と対峙する立場に置かれている．そのため，物質と富の増長への追求を重要視し，環境資源に関する現状や諸問題を無視し，重大な生態環境破壊を行った．地球資源は枯渇・退化し，環境悪化と貧困問題が引き起こされ，人類の生産および生存に重大な悪影響をもたらした．先進国の貧困問題の解決方法と比べると，発展途上国の脱貧困に関する先行研究は少ない．中国における脱貧困問題は，中国政府による後押しのもと，重要な現実理論および実証研究分野の一つとなっている．

11.1.2　研　究　意　義
　生態環境の保全とその建設は，中国の西部大開発という政策の核心であり，「生態建設」と環境保護の強化，秀麗な山川の改築など戦略的に行われてきた．しか

し，生存と生態は矛盾を孕む問題であり，生態保護と農民の増収入という難しい二つの問題において成果を実現させるには，持続可能な発展戦略をすべて着実に実現することが重要である．

「生態移民」とは，生態システム内部の諸要素の相対バランスを保持するために，政府が主導して行う人口移転のことである．生態移民事業は，生態環境の回復と環境保全に対する有効な近道であるだけでなく，貧困人口が貧困から脱するための土台である．中国の西部にある寧夏では，多くの人口移転により，重要な生態地域の生態環境が悪化したため，基本的な生存条件が整っていない．そのため，生態移民に関する研究は，貧困人口の脱貧困，生態建設，環境保護および当該地域の産業構造の調整，内発的発展の経済向上等の問題の改善に対して，重要な学術的価値と実践意義を有すると考える．

11.1.3 生態移民の定義

葛根高娃，烏雲巴図[1]は，生態移民について，「生態環境の悪化により，人間の短期的および長期的生存利益に損害を受け，人間の生活場所の強制的な転換，生活方式の調整を行う一種の経済行為」と定義している．

劉学敏[2]は，生態移民は，生態環境の改善と保護，経済発展からスタートし，移民の方式で元の環境不良地域にある高度分散の人口を集中させ，新しい集落を形成し，生態不良地域の人口，資源，環境および経済社会の順調な発展を達成することであるといっている．

方兵，彭志光[3]は，生態移民は生態不良地域の生態環境の保護からスタートし，移民人口のより良い生活について考慮しながら，移転先地域の生態環境の破壊を短期的・長期的に防ぐと同時に，元からの住民達の利益に損害を与えず，多目標の移民事業を行うべきであるという．

中国の発展改革委員会の国土開発および地域経済研究所の研究者[4]によれば，生態移民とは，貧困の消滅，経済の発展および生態環境の保護を目的とし，生態が脆弱な地域あるいは重要な生態地域の人口を他の地域に移転させ，経済，社会，資源，環境等の発展を実現することであるとしている．

孟琳琳，包智明[5]は，生態移民は生態の悪化あるいは生態環境の改善と保護のために引き起こされた移転活動，およびこの活動がきっかけとなって行われた人口移転であるとしている．

11.2 寧夏における生態移民事業の由来

11.2.1 寧夏地方の生態環境

　寧夏は「天下で一番の貧困地域」と称されていた．とくに中南部の山地は干ばつ地域のため深刻な水不足で，年平均降雨量は 200〜350 mm 程しかなく，「10 年中 9 年が干ばつ」という俗語まである．統計データによると，1950〜1990 年の 50 年間に，平均で 4.8 年に 1 回干ばつが発生している．干ばつの年は，人間と動物の飲水の確保は困難であり，干ばつと水不足は寧夏南部の貧困地域における貧困の主因の一つである．それだけでなく，風砂，洪水，氷害などの自然災害も頻繁に発生する．生態環境の悪化に伴って，土砂の流失，被覆率の退化，土地の砂漠化，土壌の塩化，生物多様性の低下，環境汚染等の生態問題がこの地域に存在している．

　なお，寧夏では過度の放牧と伐採，および漢方薬の材料の乱獲等により，97％以上の草地が退化し，多くの草原が砂漠となっている．悪化した生態環境が，日々貧困問題を加速させ，当該地域の経済と社会の発展に巨大な圧力をもたらし，地域の経済・社会・資源・人間の発展が深刻な制約を受けている（図 11.1）．

図 11.1　寧夏地方の干ばつと水不足の様子

11.2.2 寧夏地方の人口と自然

　寧夏南部山岳地域における貧困の原因は多岐にわたっており，基本的には生態のアンバランスが原因とみられるが，実際には生態環境悪化の主な原因は人口問題であると考えられる．生態問題の内的要因は生態システムの衰弱であり，外的要因は人口増加が速すぎることである．寧夏南部山岳地域における過度な人口増加により，生存地域の負荷の超過が深刻となり，生態環境に悪影響を与えている．

　国連の砂漠化に関する会議によれば[6]，干ばつ，半干ばつ地域の人口圧力の指

図 11.2 寧夏地方の子ども達

数は 7 人/km², 20 人/km² であるが,寧夏は 1999 年まで,干ばつと半干ばつ地域の総人口が 242.97 万人に達し,平均の人口密度は 79.8 人/km² であり,3〜10 倍を超えている.生態が脆弱な地域において,人口超過は,生存環境の悪化を招き,「貧しいから子どもを産み,たくさん産むから貧しくなる」という悪循環に陥った.2000 年の南部山岳地域の人口自然増長率は 14.44％となり,山岳地域の人口増加度は中国全土と比べて約 2 倍に達している(図 11.2).

世界銀行(2009)が中国の貧困現象を視察した際,貧困地域の人口と自然の関係の失調問題を指摘した[7].中国の貧困人口の多くは農村の環境が退化した地域に住み,無生産性かつ生態環境が一番脆弱な土地からわずかな生活源泉を汲み取っている.これらの貧困人口が干ばつ地域の被害者であり,同時に,農業における潜在的な破壊の加害者でもある.とくに貧困地域において,持続的な人口増加が農業生産を支える自然資源基礎を削減し,農民はさらに傾斜が強く,脆弱な土地に生産を拡大する.

人間と土地との矛盾が日々に深刻化する中で,飢餓問題を解決するため,南部山岳地域では農作物を広範囲に植え少数量を収穫するという食糧生産方式が採用されており,幅広い草地・林地を開墾して食糧を植え,多くの場所において「上は山頂まで,下は川岸まで」農作物を植え,「開墾しつつ貧困となり,貧困のためさらに開墾する」という悪循環に陥った.人間の掠奪による生産開発とともに,草地と森林が破壊され,かつ燃料不足により,樹木を伐採し,草の根を掘った.その結果,広い砂漠と禿げ山,水のない川と脆弱な土地等を形成し,深刻な土砂流失となった(図 11.3).

図 11.3　寧夏地方の人口と自然

11.2.3　寧夏地方の生態修復

長期的な発展過程から見ると，南部山岳地域の貧困の姿は根本的に変わる．まず，厳格に計画生育政策を実行し，人口の成長をコントロールする．次に，積極的に生態系の移民を実施し，人口の合理的なレイアウトの調整を行い，速やかに人口成長の負担と生態環境がもたらした巨大な圧力を減らす．歴史的経験と現実の選択肢を見ると，人口圧力を軽減することが最も緊迫した問題で，最も効果的な措置は生態移民であると考えられる．人々の山岳地域における開発性活動を中止し，この地域で強制的に生態環境を保護すれば，中国の西部地域における大規模な生態保護と回復を行うことができる（図 11.4）．

移民の目的から見れば，筆者は生態移民が生活の厳しい環境条件の下で農民を生存条件の良い地域へ移転させることによって，以下のようなメリットが得られ

図 11.4　寧夏地区の生態修復

ると考える．一つ目は，もともと脆弱な生態環境の破壊を持続的に軽減することができ，生態系の回復と再建を得られる．二つ目は，異郷の開発を通じて，徐々に貧困人口の閉鎖的な生存状態を変化させ，山川間と都市部と農村部の間の経済，技術および文化交流を強化し，貧困人口の生産生活などの考え方の転換および都市化の建設を促進し，民族地域の経済を発展させ，民族団結を増進する．三つ目は，自然保護区の人口圧力を減少させ，自然景観・自然生態および生物多様性を有効に保護できる．四つ目は，人口の合理的な再分布を促進することができる．

11.2.4　国からの寧夏地方の生態移民に対する政策支援

　貧困地域の脱貧困プロセスの速度を高めるために，中国政府は西部大開発という政策を実施し，自然が悪化して資源および生態環境の脆弱な地域に住む一部の貧困人口を，生存環境が改善されつつある地域に転住させている．これは国の社会経済の持続可能な開発の重要な戦略である．
　テスト状況からみると，この事業は段階的な成果を得た．しかし，生態移民の過程で，基本は計画経済時代の「つる荘移民（後述）」，「工事移民」，「最寄，便宜，耕地の開拓」という開発モデルを採用しており，発展の基点が低く，移民の効果に悪影響を及ぼした．寧夏の地方政府は2001～2004年において，2回の試みで5.59万人の生態移民を寧夏地方の平原農村と3つの国営農場に定住させており，2020年末までに30万人を移転させるという計画を実施している．
　筆者は，移民達の「移転，安定，裕福」という目標を実際に実現するために，生態移民事業と移民就職の解決および内発的発展を結合させることによって，移民事業のヒントを積極的に調整し，過去の数量増加型の耕地開拓式の生存移民から，所得向上型，就業増加型，生活安定型の生態移民という新しい道に向かって，寧夏の生態移民事業を改善するべきであると考える．

11.3　寧夏の生態移民の事業から得た成果

　生態移民は膨大な工程であり，寧夏の「第12期5か年計画」の重要な民生工事・扶貧開発事業かつ重大な生態保全事業，山川共済工事でもあるといえる．同時に自治区全域に富をもたらし，内需を動かす重大な投資プロジェクトでもある．2015年までに，寧夏政府は山区川区結合モデル，都市田舎結合モデル，土地あり

土地なしモデル，宜工宜農結合モデル，集中生け花式結合モデルなど多様な移民方式を採用し，水辺に近く，道路に沿い，都会にも近い等の発展状況が良い地域に移住させるという政策を施行している．

11.3.1 寧夏で生態移民事業を行う必要性

第一に，寧夏における貧困人口に対する生態移民の計画は，胡錦濤元総書記が提案した「扶貧開発の作業をしっかりして，最善を尽くし，貧困地域の発展の加速のため，農村貧困人口と低所得層の人口の早期生活改善のために万全を期するように」という重要な指示に対する具体的な実施措置であり[8]，寧夏地方政府が提出した扶貧開発の基礎の上に，加速と推進が行われてきたものである．

第二に，内発的発展の加速と脱貧困という二重圧力に対して，2020年までに寧夏が全国と歩調を合わせて全面的により良い社会の実現という大きな目標を達成すれば，任務は急を要し，難度も相当大きい．この地域で基本的な生存条件を改善するのは，長期的な任務であると同時に，きわめて緊迫した民生プロジェクトでもある．

第三に，苦難の中で生きている農民は水がある地方に移転したいと考えている．この理想を実現するためには，造血型から輸血型に，天雨式農業から灌漑農業に切り替え，現代農業に入り込む必要がある．

11.3.2 寧夏における内発的発展の生態移民事業の成功事例

1980年代以来，寧夏は相次いで「三西」建設[9]，「八七」扶貧開発事業[10]，村まるごと移民等の脱貧困事業を展開している．異郷へ合計66万人が移住し，脱貧困の成功経験が多く蓄積されている．ここでは以下の事例を取りあげる．

a. 紅寺堡　中国最大の生態移民のニュータウンである紅寺堡を例にあげる．1998年に移民を開始したとき，農民の平均所得は600元ほどであったが，現在では1人当り3,500元に達している．土壌侵食の衛星写真をみると，生態環境指標の森林被覆率が従来の5%から現在の15%まで成長している．寧夏財政庁の統計資料によれば，2011〜2015年の間，国家財政部は寧夏に毎年3億元を補助し，寧夏中南部地域の生態移民の移転作業専用に使われている．

b. 寧夏の「つる荘移民」[11]　「つる荘移民」は，改革開放後，寧夏の特色であるだけでなく，北西地域に及ぼした影響が大きい扶貧移民開発のモデルである．

図11.5　移民前の地貌

図11.6　移民後の市街区

図11.7　移民区の建築様子

図11.8　生態移民の新村風景

　寧夏の「つる荘移民」扶貧開発モデルで成功した代表的な事例は芦草洼駅のつる荘と隆湖開発区である．
　銀川の城郭に位置している芦草洼つる荘の建設は，1983年7月にスタートした．移民の大多数は六盤山地区にある涇源県の貧困区の出身であり，30年の開発を経て，小都市の規模となった．芦草洼モデルの成功は，銀川の郊外と工場区の隣接地点にあるという地理的条件がきっかけとなっている（図11.5〜11.8）．都市はこの移民村の経済や文化等の方面に積極的な役割を提供したが，最も直接的な要因は，工場が移民区に雇用の場を提供したことで，1人当りの労務輸出による所得が総収入の約25％を占めている．
　隆湖扶貧経済開発区は寧夏の平羅県北西部に位置し，石嘴山市と隣接しているため，交通，エネルギーという強みと都市に近いという有利な条件があり，2001年までに，この開発区の移民はほぼ脱貧困の状態となった．1人当りの純収入は，1,800元以上となり，寧夏における同期の農民1人当りの純収益（1724.30元）と並び，多くの世帯の収入が年間1万元を超え，食糧の生産高が1万斤を超え，「双万世帯」と称されている．

c. 寧夏の華西村　　自治区政府は江蘇省にある華西村の支援を得て，1996年に，賀蘭山東麓にある生態保護センターの鎮北堡林草試験場に移民総合開発試験区を建築した．この5年，この試験区の移民1人当りの純収入は2,000元を上回っている．寧夏の華西村では，資源条件の優位性を重視し，江蘇省の華西村の繁栄から学び，江蘇省華西村グループの花園式都市建設をモデルとした．この地域および周辺移民区の建設は，域内協力の成功事例として取り上げられている．

　それだけでなく，寧夏の華西村は，沙湖，西北映画村，蘇峪口森林公園，西夏王陵といった観光の中心地帯にあるというメリットを活用し，観光産業に関する一連のサービスを捉え，第三次産業を発展させ，大型奇岩芸術城やリゾート観光地等，大量の観光名所を建設した．新たな投資と観光客を誘致するため，これらの観光地には商店や近代化された街並みが作られている．

11.3.3　寧夏地域の内発的発展の生態移民事業が得た実績

　寧夏の生態移民区に関する考察や研究結果によれば，農村部都市化のレベルが高い移民区において，移民者達は短時間に食糧問題を素早く解決し，内発的持続可能な発展能力を向上させたため，移民の返貧困率・返移転率はほとんどなかった．寧夏「第12期5か年計画」の中南部地域の生態移民建設は，2011年以来，中央政府の重視と，各省庁の関連部門の大きな支持を受けている[12]．

　これらの努力を通して，2012年末までに，寧夏には既に様々な移民定住区122か所を整備し，移転移住者数は計12.51万人にのぼった．そのうち，新規に建設された生態移民定住区70か所，移民ニュータウン70か所，定住した移民数は1.38万世帯5.59万人である．建設区域内の労務移民定住区は12か所設置され，街コミュニティ6か所，定住した移民者数は243世帯約1,000人である．県外に生態移民定住区30か所を建築し，移民ニュータウン30か所，定住生態移民は1.39万戸6.12万人である．労務移民定住区10か所を建設し，街コミュニティ7か所，移民者数約2,000世帯，定住人口は約7,000人である．新築の移民村役場は57か所である．

11.4　残された問題

a. 移転の規模と定住能力問題　　生態移民事業は，取扱いの範囲が幅広い上に

建設任務が重いため,仕事の難易度が高い.現在,移民達の考えは根本的に変わり,既に「引越しさせられる」という状態から「自ら引っ越す」という状態に変わり,移転に対する積極性が高まった.しかし,2001年以降,自治区の発展改革委員会の累計によれば,事業地域に設置された移民者は移住すべき人口の39.8%しか占めておらず,移転規模や定住規模が懸案事項になっている.

b. 定住区域の再開発の難しさと国家投資減少の問題　中大型水利工事により,生態移民を定住でき,投資が少ないうえ効果が速いという特徴が生まれる.しかし,移民専用資金で道路,電気,飲用水,学校,衛生設備,移民住宅を支出しなければならない.そのうえ,巨額の資金を用いて,水利プロジェクトと農地水利施設に投資を要する.国家プロジェクトの移民事業に対する投資規模は大幅に減ってきており,それに内モンゴル,雲南,貴州,寧夏四省(区)の移民施策の実施後,陝西,甘粛,青海,広西,四川五省が新たに追加され,定住区域の再開発の難しさと国家投資減少の対立が目立っている.

c. 転出群衆の生産能力と経済発展が弱い問題　生態移民者の転出地域は,主に水源の涵養林地や半乾燥土石山区,風砂重心区や地質災害発生区域等であり,これらの地域では自然環境の過酷さ,資源の貧弱性,交通の閉塞性,生態環境の劣悪性等があり,人々の生活が難しい.国が先に移民定住区の移民群衆に人的,物的援助を大量に投入し,基盤施設・移民住宅を統一的に建設した.しかし,国の要求によれば,移民は移転地の住宅建設費用を一部自己資金で支払わなければならない.出稼ぎで収入が増加したとはいうものの,農業生産,生活費,子女の入学費用等で元の居住地より支出ははるかに増えており,また,投入初期の産出率が低い等の理由から,ほとんどの移民群衆は,生産発展に関して無力であり,新たな貧困層に戻る可能性が高くなると考えられる.

d. インフラ建設と土地開発問題　国の移民専用資金の投資に際しては,移民定住区を建設する際,基盤施設を重点的に建設し移民達に基本的な生産・生活条件を提供した.だが,定住した移民者の土地は,ほとんど新開発されたばかりの荒地なので,地力が貧弱で土地の熟化(ripening;施肥,灌漑などの作業を加え,耕地でない自然土地を農業用土壌にする)と改良には相当の時間がかかる.土地は農民の生存基盤であり,熟化の加速と土地の改良に対する適正措置を取らなければ新しい貧困と不安要因をもたらし,移民区の土地面積と移住者数に比べ,土地開発不足の問題が残るため移転すべき人口が移転できず,移民の定住に影響を

与えている．

e. 生産方式の転換と技術指導問題　寧夏南部山岳地域の貧困農家が揚黄灌区に移転した後，農業の生産方式は根本的に変わった．雨養農業から灌漑農業，広種薄収から精耕細作に変わる．移民の考えを「支援待ち」「政府依頼」「援助金をもらう」という習慣から，「自力更生」「積極的な考え」に転換しなければならない．移民の栽培技術と新品種の生産技術が不足しており，移住地の生産活動への適応が難しく，移民の短期間による増収と脱貧困は遅々としている．国の移民専用資金には制約があるため，移民達の栽培業・養殖業という実用的な技術指導が不足している．

11.5　寧夏における生態移民事業の対策と提案

a. 移民の教育　移民の経済発展の教育プログラムの制定と実施により，短期間で大多数の移民に1～2種の生産技術を取得させ，彼らの人材と生産能力を高める．段階的に開発業者や投資家らを移民村の生態保護建設や栽培業・養殖業の発展事業に従事させ，地元経済の高成長を牽引する．教師，科学技術者達との交流をしっかり行い，管理・教育・農業科学技術知識の普及等の面に重点的に手を入れ，移民村の幹部達の管理レベルと広大な移民群衆の科学文化の素質を向上させ，移民地域ために経済発展の土台を整える．

b. 土地開発と利用　中央政府の「大いに安定，小さな調整」という原則により，移住地の土地に余地を与えるべきである．移民政策によって良い土地の企画と配置を行う．移民が統一的に戸籍を登録した後，土地の請負契約を締結しなければならない．直ちに「土地経営権証書」を移民に配布する．大学・中学校等の現役学生は，標準規定により土地を配分する．新しい移民地の開発過程の中に，土地開発とガバナンスの力を高め，水利施設の建設を強化し，土地の生産効率を高める．また，移民が入植した後，引き続き移民大衆の土地の整備と総合投入を組織・案内し，土地の荒廃と砂漠化を防止すべきである．

c. 戸籍管理　戸籍管理部門は当年度に移民の転入・転出手続を統一的に行い，適時に入植地に移譲し，属地管理を実行し，「両地に走り回る，二足のわらじ」の現象を防ぎ，転出人口が原住地に戻ることを徹底的に防止する．移住地の戸籍管理部門は直ちに戸籍や住民身分証の交換手続きを統一的に行う．障害者・五保

戸・民政救済を対象にし，身内の家族と一緒に移転する．親のない移民は，各県の郷政府から移転地を調整する．いくつかの条件がそろっている場合，困難な村民を老人ホームに居住させる．

d. 補償金の使用　自治区の財政庁は財政資金を適切に増加し，移民区の管理を支持する．移民の建築や移転費用は，国や自治体の補助を除いて，転出県政府が積極的に移民大衆と社会の力を動員し多方面のルートで資金を調達し，良い支援を徹底的に実行する．個別の貧困者，家にほとんど財産がない特別困窮世帯には，特別な場合は特殊な処理方法を行わなければならない．転入県は，専用資金を移民事業に対してのみ使用し，転用は厳禁である．移民が転出した後，続けて退耕還林（草）政策を適用する．貧困補助移民開発に参与する移民と企業は，国と自治区の税収の優遇政策の恩恵を受ける．移民が家を建てた場合は，「宅基地（農家が家を建てるための専用土地）」有償使用料を免除する．

e. 生産方式　転入県は，移民村発展モデルの選択，産業発展の方向の確定，および産業構造の調整についてうまく解決する．転入県は移民を全体の経済構造の中に入れ，企画して，移民村の経済・社会の急速な発展を促進する．転入県の農業銀行と農村信用協同組合に一部の信用資金を出し，現地での農業貸付けの割合を向上させ，移民の移転と経済発展を用いて支持する．とくに移民村の発展計画と産業構造の調整を結合させ，栽培業と養殖業を並行して支援し，一部の移民を先に早期に豊かにする．農業の管理体制と運営メカニズムを創立・改善し，関連政策を制定し，移民村の資金不足の問題を解決する．

f. 情報サービス　移民達に対する政策の指導と情報サービスを強化すべきである．一つ目は，国と自治区の関連政策を宣伝し，移民政策によって移民の生産発展を導き，所得を増加させ，生産条件および生活条件を改善させる．二つ目は，地方政府から長期に専門スタッフを派遣し，移民達に労務輸出・栽培・養殖・資金等の情報を提供し，移民村と外部の交流ルートをつなげる．

11.6　将来の課題と展望

生態移民を通じて寧夏地区の内発的発展を促進する事業は，中国の民生問題を解決するために有益である．寧夏地域では，政府が生態移民政策の外因作用に位置づけられ，環境脆弱地域の高分散度の人口が定住される宜居（住みやすい）や

宜業（創業しやすい）地域において，適応技術と産業に支えられ，移民（内因）と生態環境建設および地域の内発的発展を有機的に結合し，農村の生態建設の産業化，人口素質の都市化と農村発展の近代化を向上させた．国際的に既存の移民に関する普遍的な原理と寧夏の特殊な生態移民の方式を利用し，効果的に一部の貧困人口の脱貧困問題を解決し，寧夏経済社会の持続可能な内発的発展と農村部の都市化建設をきわめて大きく促進し，人類の貧困問題を解決するために有益な理論と実践経験を提供した．

注と参考文献

1) 葛根高娃，烏雲巴図：『内モンゴル放牧地区における生態移民の定義，問題と対策』，p.118．内モンゴル社会科学，2003．2
2) 劉 学敏：西北地区生態移民の効果及び問題の検討，『中国農村経済』，p.48．2002．4
3) 方 兵，彭 志光：『生態移民—西部における脱貧困及び生態環境保護の新考案』，広西人民出版社．2002
4) 国家発改委国土開発と地区経済研究所：『中国生態移民の源及び発展』，2004．7
5) 孟 琳琳，包 智明：生態移民の研究まとめ，中央民族大学学報，p.48-49．2004．6
6) United Nations Conference on Desertification (UNCO), 1977.「砂漠化防止行動計画（PACD：Plan of Action to Combat Desertification)」の採択．このとき「砂漠化」が定義される．
7) Gaurav Datt, Shubham Chaudhuri：貧困地域から貧困人口まで—中国脱貧困議程の沿革，世界銀行東アジア及び太平洋地区脱貧困と経済管理局，2009年3月
8) 2007年4月，胡錦濤元総書記が寧夏を視察したときの講演．于 革勝：做好生態移民工作 造福困難群衆，「共産党人」，2008．08．許 徳祥：『ダム移民システムと行政管理』，新華出版社，1998．
9) 「三西」とは，中国の甘粛省の河西地区，甘粛省中部の定西と寧夏の西海固地区を指す．寧夏回族自治区統計局，国家統計局寧夏調査総隊共同編制：寧夏統計年鑑，中国統計出版社．各年別
10) 「八七」とは，農村の8,000万貧困人口の生活問題を約7年「1994～2000年」で基本的に解決する．王 昭耀：小城鎮の発展は農村経済と社会発展の大戦略である，『農業経済問題』，2000．8
11) 「つる荘移民」とは，1983～2000年，寧夏回族自治区政府が確定した「以川済山，山川共済（川辺が山辺を救済し，山と川と共に救済する）」という脱貧困モデルで，すなわち，移転の初期に現住地と転入地の両側に家をもち，転入地の家が竣工するまで往復自由にし，転入地でほぼ生産・生活を慣れた後完全に移民するという方式の移民

工程を指す．李　寧：『寧夏つる荘移民』，民族出版社．2003
12)　寧夏回族自治区人民政府，寧夏「十二五」中南部地区教育移民対策の案，寧政発〔2011〕74号．

12. 国際移民と内発的発展
― 日本に暮らすアフリカ人と発展の場 ―

12.1 はじめに ―「移民の時代」の内発的発展 ―

　内発的発展を考える上で重要な論点の一つは，その担い手についてである．「内発的発展」（序文より）とは「地元主導の地域づくりに主眼を置いた産業開発・人間開発・社会開発」を表す．西欧的な近代化論に基づく一元的・普遍的な発展像を批判し，地域における自力更生・自立的成長を目指す発展モデルである[1]．

　しかし，グローバル化の流れの中で人の移動が活発となった今日，内発的発展の単位である「地域」の主体，「地域住民」は自明な存在ではなくなっている．特定の地域で生まれ育ち，一生涯にわたってその内で暮らす人は限られており，多くの人々が教育や就労の機会を求め，国内外へ移住している．あるいは，難民のように，当人は望まぬ避けがたい理由により移動を余儀なくされる人々もいる．カースルズとミラーは，グローバル化と脱領域化の進んだ現代を「移民の時代」（the age of migration）と呼んでいる[2]．結果として，人と場所の関係のありかたが多様化しており，発展の対象となる「地域」も非同質的で流動的となっているのである．

　日本における内発的発展論の主唱者である鶴見和子は，「地域」を「定住者と漂泊者と一時漂泊者とが，相互作用することによって，新しい共通の紐帯を創り出す可能性をもった場所」[3]と定義づけている．ここでいう「漂泊者」や「一時漂泊者」は，対象地に流入あるいは訪問する移民を指している．鶴見は，水俣病多発部落を事例とし，定住者と漂泊者の合力（力添え）によって内発的発展が進んでいく過程を分析している[4]．いわば，移民達が移住先の地の内発的発展に果たす役割に関わる研究である．

　その一方で，移民達が「故郷」の発展に与える影響についても関心が集まって

いる．国連開発計画は2009年の『人間開発報告書』で「人の移動と開発」をテーマに取りあげ，「移住は，地域レベル・国家レベルのもっと広範囲な貧困削減・人間開発の取組みを補完する手段以上の何ものでもなく，貧困削減と人間開発の重要性には，いまも変わりがない」[5]と記している．実際に，途上国の政府や国際機関が，海外の移民達に故郷の発展への協力を訴えかける場合もある．移民の海外送金に関する研究や，移民組織が故郷の自助開発に与える影響を取り上げた研究も実施されている[6]．

これらの研究は，移住地を取り上げるにせよ，故郷を取り上げるにせよ，固定した場を発展の対象として取り上げた研究であることに変わりはない．一定の場所から移動する対象を調査する視点であり，人の移動を正常（定住）からの逸脱，一時的行為として暗黙のうちに捉えている．しかし，「移民の時代」と呼ばれる現代においては，「家族，あるいは共同体，国民国家といったある種の共通経験をもつと想定されてきた集団が揺らぎながら，そうした共通経験によって支えられてきた場所が解体している」[7]．そのため，「場から移動を捉える」のではなく，「移動から場を捉える」ことの重要性が指摘されている．

以上を踏まえ，本章では，日本に暮らすアフリカ系移民を事例とし，国際移民と内発的発展の関係について考察する．とくに在日アフリカ人の中でも第1位の人口を有するナイジェリア出身者を取り上げ，移民からみた発展の対象となる場所について論じたい．

12.2 「移民の時代」と日本

12.2.1 「移民の時代」と国家

国連開発計画によれば，今日，国境を越えて移動する国際移住者の数は全世界でおよそ2億1,400万人に上る．その一方で，過去半世紀にわたって世界総人口に占める国際移住者の割合は増加することなく，およそ3％に留まっている[8]．交通手段の発達とともに移動にかかるコストは減少し，さらに新興国の誕生とともに国境の数自体も増加した．南北間の人口格差・経済格差が広がり，より良き生活を求め途上国から先進国へと移動を求める人の数は増大している．にもかかわらず，国際移住者の割合に変化が見られないのである．

伊豫谷は，「19世紀の移民が国民国家形成の基盤であったとするなら，20世紀

末の現代移民は，均質な空間として形成されてきた国民国家を変型しつつある」[9]と述べている．国民国家を基調とする近代の国家体制においては，移民を「脅威」とする言説は根強く，多くの国々が国境を管理し，政策によって移民の入国を制限している．先進諸国は途上国に対し貿易障壁の撤廃を求める一方で，それら途上国からの人の移動については国境の壁をより高く積み上げているのである．それは，日本でも同様である．少子化に伴い労働力不足が深刻となる一方で，労働移民の受入れについては否定的な言説が繰り返されてきた．

法務省入国管理局によると，2011年末の時点で，正規の在留資格をもち日本に滞在する外国人登録者の数は207万8,508人である．日本の総人口に占める割合は，わずか1.63％に過ぎない[10]．

欧米諸国は，第2次世界大戦後の高度経済成長期に不足する労働力を補うために移民を受け入れてきた．それに対し日本の場合，外国人労働者が増加するのは1980年代後半になってのことである．外国人登録者数は1984年には84万885人であったが，20年後の2004年には197万3,747人と，2倍以上に増加している．

ただし，日本政府はこれまで，いわゆる単純労働者の受入れを法的に容認していない．日本では，労働移民の流入を日本と近隣諸国の経済格差を背景に外から押しつけられた問題と考え，外国人労働者の存在そのものを問題視したのである[11]．そのため，働き口を求めて来日した外国人達の多くは非正規労働者として就労している．観光ビザなどの短期滞在資格で来日後，期間を過ぎても日本に留まり，非正規滞在者として働く者も多い．非正規滞在者の数は2012年1月1日現在で，およそ6万7,000人に上ると考えられている[12]．

12.2.2 アフリカから日本へ

正規滞在の外国人を国籍別に見ると，中国（67万4,879人），韓国・朝鮮（54万5,401人），ブラジル（21万32人），フィリピン（20万9,376人）と人口が多い．それに対し，本論で取り上げるアフリカ人の場合，アフリカ地域出身者すべてを合わせても，その人口は2011年末現在で1万1,972人である．日本の総人口の1.63％に過ぎない在留外国人のなかで，アフリカ出身者の占める割合はわずか0.6％であり，「マイノリティの中のマイノリティ」といえるだろう．在日アフリカ人の数も1980年代に入り大きく増加している．在留資格をもち日本に滞在するアフリカ人の数は，1984年にはわずか1,063人に過ぎなかった．それが20年後

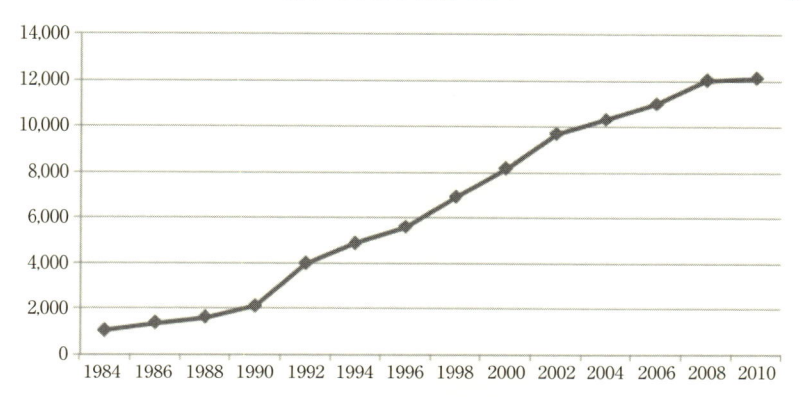

図 12.1 在日アフリカ人の人口推移（出典：『在留外国人統計』（法務省入国管理局・入管協会，1985-2011）をもとに著者が作成）

の 2004 年には約 10 倍の 1 万 319 人となっている（図 12.1）．

在日アフリカ人をめぐる近年の特徴として，滞在の長期化傾向があげられる．在留資格別の人口推移をみると，「日本人の配偶者等」や「永住者」の資格保有者が増加している．2011 年末現在,「日本人の配偶者等」の資格で在留する者は 2,092 人，永住権を取得している者は 3,714 人に上る[13]．両者を合わせると在日アフリカ人人口の 48.5％となり，およそ半数の人々が比較的安定した在留資格をもち，日本に暮らしていることとなる．

在日アフリカ人の国籍を見ると，ナイジェリア出身者が第 1 位の人口を有し，それにガーナ出身者が続いている．在留資格をもつナイジェリア人の人口は，今からおよそ 30 年前の 1984 年の時点ではわずか 44 人に過ぎなかった．しかし，1990 年代初頭に急増し，2011 年末時点の人口は 2,730 人となっている．そのうち，87.4％が 20 歳以上の男性である．

以下では，在日ナイジェリア人達の中でも，母国で三大民族の一つに位置づけられているイボ人を事例として取り上げる．ナイジェリアにおいてイボ人は，「商売人気質」「ビジネス志向」と語られる民族であり，在日ナイジェリア人の多数派を占めている．イボ人達の故郷にあたるナイジェリア南東地域は，同国の中でもとくに人口過密の地域であり，植民地時代から移民の送出し地域となってきた．今日では，世界各地にイボ人移民のコミュニティが見られる．

12.3　在日ナイジェリア人と発展の場

12.3.1　移住地における故郷のつながり

　日本には現在，ナイジェリア人が設立した様々な団体が活動を行っている[14]．その多くは，特定の地理的単位を「故郷」とする人々が集う，いわゆる同郷団体である．同郷団体を設立単位とする「故郷」は，移民人口や活動目的に応じて様々である．例えば，母国ナイジェリアにおいてイボ人とともに三大民族の一つと数えられているヨルバ人の場合，日本における人口は少なく，関東にはヨルバ人を会員とする同郷団体は1件しかない．それに対し，在日ナイジェリア人の多数派を占めるイボ人達の場合，出身州を単位として同郷団体を組織している．さらに，その下部組織として，より小さな地域を単位とした団体が存在する場合もある．また，関東在住のナイジェリア人全体を対象とした関東ナイジェリア組合も存在する．関東ナイジェリア組合は，他の団体とは異なり，加盟する同郷団体が代表を派遣するかたちで運営されている．

　在日ナイジェリア人達が設立した団体の中には，同郷団体の他に，貿易業者や企業家を会員とする業界団体なども存在する．加えて2014年には，大使館の求めによって，日本全国で活動する団体を束ねる在日ナイジェリア人連合会も結成された．

　以下では，イボ人達が組織する同郷団体の一つ，「I州連合会」を例に，日本で活動する団体の活動について論じたい．

　I州連合会は，関東在住のI州出身者をメンバーとする同郷団体で，在日ナイジェリア人団体の中でも最大規模の団体の一つである．設立年は2000年で，登録メンバーは現在300人を超える．入会費は3,000円で，月々1,000円の会費をメンバーから徴収している．

　同団体は，毎月1回週末に東京都内で会合を開いている．毎回およそ80名のメンバーが集まり，様々な事案が話し合われる．メンバーが抱えたトラブルについて議論されることもあれば，大使館や他の団体が事案をもち込むこともある．また，メンバーやその身内に祝い事や不幸があれば，会合でその旨が報告される．その場合，I州連合会は，会則に定められた祝い金や見舞金をメンバーに支払う．I州出身者に限らず他州出身のナイジェリア人やその団体が日本で各種行事を開

く際には，招待状をもって会合に顔を出すこともある．

　I州連合会は，メンバーにとって一種の社会保障の役割を果たしている．2013年には，メンバーの1人が亡くなった．I州連合会は，メンバーから5,000円を徴収するとともに，神奈川県と埼玉県で通夜を開き，参加者達から寄付金を集めた．そして，日本国内で葬儀を開いた後，遺体を故郷へ空輸するとともに，遺された遺族に見舞金を支払った．その後，故人は遺族達の手で故郷に埋葬された．ナイジェリア国内外に移住したイボ人達は，死後故郷の地に埋葬されることを強く望む．しかし，とくに国際移民の場合，遺体の輸送にかかる費用は莫大なものとなる．日本でも，過去には遺族が費用を用意できず，火葬され灰となって故郷に帰った者達もいる．そのような死を，イボ人達は忌避すべきことと考えている．そのため，I州連合会に加入することで，移民達は不測の事態に備えることができるのである．

12.3.2　移民達と故郷の関わり

　イボ人達にとって，「故郷に錦を飾る」ことは重要な文化的価値観となっている．とくに，移住先の地で差別的な待遇を受けることも多い国際移民にとって，故郷は肌の色などによって区別されることなく名声を勝ち取ることができる重要な場所である．さらに，日本においては非正規雇用の不安定な立場にあることから，引退後の帰郷は余儀ないものと考えている者も多い．したがって，将来の故郷での暮らしを思い描く彼らにとって，故郷への支援や投資は重要な意味をもつ．

　日本で暮らすイボ人達の多くが，日本で稼いだ金を故郷で暮らす家族や親族達に送金している．兄弟姉妹の求めに応じ甥や姪の学費を支払ったり，病気の親族のために治療費を工面したりする者も多い．それに加えて，故郷の村で行われる自助計画に対し寄付を行う者も少なくない．なかには，故郷の公民館の屋根の張替えや井戸の採掘を，個人的に負担する者もいる．

　また，移民達による経済投資も盛んに行われている．中古自動車部品や電化製品などを日本からナイジェリアへと輸出販売する貿易業は，イボ人のほとんどが一度は試みるビジネスである．また，投資を目的としてナイジェリアの都市部に土地を買う者もいる．筆者が聞取り調査を行ったイボ人達の中には，テナントビルを建て不動産業を営む者，袋詰めの飲料水の製造工場を経営する者，魚の養殖場を営む者などがいた．移民達が故郷で起業する場合，実務面では親族などの手

を借りる場合が多く，雇用の創出にも結びついている．

　日本に暮らすイボ人と故郷の関係は，個人的なつながりに留まらない．故郷への支援や投資は，同郷団体を介しても行われる．イボ人達が国内外に設立した同郷団体は，メンバー間の相互扶助のみを目的としているわけでなく，故郷の発展を目的とした自助活動も行っている．

　Ｉ州連合会は2010年に，州都にある孤児院の求めで学校の校舎を建設・寄贈している．校舎は保育園と小学校として利用されており，孤児院で暮らす児童に加え，近隣住民の子ども達にも開放されている．2014年2月現在，約170名の児童が校舎で学んでいる．Ｉ州連合会は学校校舎の建設とともに，州都の外で活動を行っている養護施設にバスを寄贈，さらに別地域で井戸の採掘も行った．これらの計画は，月々の会費の徴収を通して備蓄されたＩ州連合会の運営資金と，メンバー有志による寄付金によって賄われた．

12.3.3　移民達と移住地の関わり

　移民と故郷の関係を取り上げた研究においては，「いつか帰るべき場所」という故郷に関する移民の語りは，実際には実現することなく終わる場合も多いことが指摘されている[15]．移動の期間が長期化するにつれ，移民達と故郷の関係も変わり，同時に移住地との関わりにも変化が見られる．

　今日，日本に暮らすイボ人達の中には，滞在歴が10年，20年を超える者も少なくない．彼らの多くは日本人と結婚しており，今では日本で高校や大学に通う子どもをもつ親達もいる．日本において一定の安定した地位を築いた者達の中には，母国の政情や治安を理由に，老後も日本で暮らすことを考える者もある．

　Ｉ州連合会の創設から10年以上が経過した．かつては，故郷とのつながりに関わる活動のみを行っていたのに対し，近年では移住地である日本との関わりを意識した活動も盛んになっている．Ｉ州連合会は，2011年の東日本大震災の折には，日本赤十字社を通じて被災地に寄付金を送っている．そして，2012年には特定非営利法人（NPO）としての登録を果たしており，2人の日本人を後援者として迎え入れている．Ｉ州連合会が毎年の暮れに開催するパーティーの様子も変わってきている．かつてはメンバーとその家族のみで開催していたが，近年はアフリカ支援に関わるNPOを初め日本人のゲストが招待されるようになった．また2013年の第5回アフリカ開発会議（TICAD Ⅴ）の折には，関連行事に舞踏団を派遣

し，その様子は日本の新聞にも取り上げられた．日本人との交流や，日本社会における自分達の位置づけを模索する動きが見られるのである．

2013 年，I 州連合会の月例会において，新しい開発計画の実施が議題としてあがった．企画を公募した結果，最終的には二つの案が候補となり，それぞれの案を支持する者の間で白熱した議論があった．これら二つの案は，日本に暮らすイボ人と発展の対象となる場所との関わりについて考えるうえで，示唆的である．

第一の案は，I 州の州都にショッピングモールを建設するというものであった．近年，ナイジェリアでは海外資本の大型ショッピングモールが主要都市にオープンしている．提案者は，I 州の経済発展の象徴として団体の手で州都にモールを建設することを主張した．完成後は，団体のメンバーに店舗の賃借を優先的に行うことで，隠退後の経済的基盤の足がかりとなるとも考えられた．それに対し第二の案は，日本の首都圏内に土地を買って集会場となるホールを建設するというものである．建設後は月例会や行事をホールで開催することで，団体の支出を削減できると提案者は訴えた．また，メンバーや他州出身のナイジェリア人達が祝い事などを行う際に式場として貸し出すことで，団体の収入を創出できるとのことであった．

ナイジェリア国内にイボ人が設立した同郷団体の間では，移住先の都市に集会場となるホールを建設することは，20 世紀半ばまで広く普及した事業であった．しかし，1967 年から 70 年にかけての内戦（ビアフラ戦争）以降は，状況に変化が見られた．内戦によって，多くの移民達が移住地で築いた財産を失い，同郷団体が建設したホールも破壊されたり，人手に渡ったりした．そのため，終戦以後，都市部ではイボ人達が再び盛んに同郷団体を設立したが，ホールを建設する団体は少なくなり，むしろ故郷を対象とした事業が増加していった．移民達と場所との関係が，開発計画の方向性に影響を与えるのである．

最終的には，第一のショッピングモールの建設案が採択された．しかし，I 州連合会の「開発計画」を行う「場」として日本が考慮されるようになったことは，一部の移民達が「仮の住まい」以上の結びつきを移住先の「地域」にも感じるようになったことの表れであろう．

12.4 おわりに ── 国際移民と内発的発展 ──

人類学者アルジュン・アパデュライ (Arjun Appadurai) は，移動する集団や個人を今日の世界の本質的な特徴をなす存在として捉え，「移動の時代」の民族は「曖昧で非ローカル化された特性をもつ」ようになり，「集団はもはや，揺るぎなく領土化されることも，空間的に境界づけられることも，自己の歴史に無自覚であることも，文化的に同質であることもない」[16] と主張している．

かつて，出稼ぎ外国人労働者として非正規に滞在していた在日アフリカ人達も，今では長期滞在の資格を手にし，家族を形成している．しかし，このことは，日本において彼らが「定住者」となったことを意味する訳ではない．同郷団体に集う移民達は遠く離れた場所である故郷との結びつきを保持しており，まさに曖昧で非ローカル化された「想像の共同体」[17] を創りだしている．空間的に境界づけられない関係の想像こそが，移民達をして故郷の内発的発展への支援を動機づけるのである．

しかし，移民と故郷の結びつきは必然的なものではない．また，移住地における移民達の立場は，必ずしも「一時逗留者」で留まるわけでもない．移動の経験は移民達と場所との関係に影響を与えていくのであり，個人によって，また時間によって，故郷との関係も移住地との関係も変化していく．I 州連合会の開発計画をめぐる議論には，故郷と移住地と同時に結びついた移民達の場所とのつながりのありかたがよく現れている．非ローカル化された移民達の世界，すなわちアパデュライの言う「エスノスケープ」においては，場所との関係性のありかたも多様化しているのである．

翻って鶴見和子 (1996.9) は，「内発的発展」を以下のように定義している．

> 内発的発展とは，目標において人類共通であり，目標達成への経路と創出すべき社会のモデルについては，多様性に富む社会変化の過程である．共通目標とは，地球上すべての人々および集団が，衣食住の基本的要求を充足し人間としての可能性を十全に発現できる，条件をつくり出すことである．それは，現存の国内および国際間の格差を生み出す構造を変革することを意味する[18]．

「地元主導の地域づくり」は，経済的格差を生み出し維持する構造そのものを問

うための手段である．この定義を考慮するのであれば，国境を越え移動する国際移民達は，国民国家体制を前提とした国際関係を変革する「創造的構造変化」[19] の担い手といえるのではないだろうか．

注と参考文献

1) 中川 潤：内発的発展論の起源と今日的意義（鶴見和子，川田 侃編：『内発的発展論』），東京大学出版会，1989
2) S. カースルズ，M.J. ミラー（関根政美，関根 薫訳）：『国際移民の時代 第4版』，名古屋大学出版会，2011
3) 鶴見和子：『内発的発展論の展開』，筑摩書房，pp.25-26，1996
4) 鶴見和子：前掲書，pp.120-194，1996
5) 国連，開発計画：『人間開発報告書 2009：障壁を乗り越えて ― 人の移動と開発』，p.20，阪急コミュニケーションズ，2009
6) 本章で取り上げるナイジェリアの移民組織を扱った研究には，Honey Rex, Stanley Okafor, eds.: Hometown Associations: Indigenous Knowledge and Development in Nigeria, pp.3-8, T Publications, 1998; Nwachukwu, Chukwuemeka B.: Ethnic Unions and Rural Development in Eastern Nigeria, Pen Paper Publications, 1996; Trager Lillian: Yoruba Hometown: Community, Identity, and Development in Nigeria, Lynne Rienner Publishers, 2001; 松本尚之：イボ社会における同郷団体の歴史的編成 ― 自助活動の運営をめぐる都市移民と母村住民の関係，文化，**68**，80-104，2004 などがある．
7) 伊豫谷登志翁：方法としての移民 ― 移動から場をとらえる（伊豫谷登志翁編：『移動から場所を問う ― 現代移民研究の課題』），pp.3-23，有信堂，2007
8) 国連開発計画：前掲書．
9) 伊豫谷登志翁：『グローバリゼーションと移民』，p.53，有信堂高文社，2001
10) 入管協会編：『平成24年度在留外国人統計』，2012．2012年7月に外国人登録法が廃止され，新しい在留管理制度が導入された．それに伴い，法務省入国管理局が取りまとめる『在留外国人統計』の対象範囲が変化し，「短期滞在」の在留資格をもつ者などを除いた「中長期在留者」のみに限定されるようになった．そのため，2012年以前と以後の統計結果を単純に比較することはできない．したがって，本章では2011年末までのデータを用いて考察を行うこととする．
11) 伊豫谷登志翁：日本の国際化と外国人労働者 ― 国民国家の時代から移民の時代へ（駒井 洋監修，伊豫谷登志翁，杉原 達編：『日本社会と移民』），pp.23-54，明石書店，1995
12) 法務省入国管理局：「本邦における不法残留者数について（平成24年1月1日現在）」，http://www.moj.go.jp/nyuukokukanri/kouhou/nyuukokukanri04_00016.html，

2014 年 3 月 27 日取得
13) 入管協会編：『平成 24 年度在留外国人統計』, 2012.「永住権を取得している者」については，「永住者」と「特別永住者」の在留資格をもつ者を合わせた数.
14) 川田 薫：在日ナイジェリア人のコミュニティの共同性の構築 ― イモ州同郷人団体がつなぐイボ民族の生活世界 ―，生活学論叢, **11**, 127-138, 2006
15) Peil Margaret, Stephen K. Ekpenyong, Olotunji Y. Oyeneye: Going Home: Migration Careers of Southern Nigerians, *International Migration Review*, **22**, 563-585, 1998
16) アルジュン・アパデュライ（門田健一訳）：『さまよえる近代 ― グローバル化の文化研究』, pp.96-97. 平凡社, 2004
17) ベネディクト・アンダーソン（白石 さや，白石 隆訳）：『想像の共同体』, NTT 出版, 1997
18) 鶴見和子：前掲書, p.9, 1996
19) 鶴見和子：前掲書, p.15, 1996

13. ソーシャルビジネスと内発的発展
—— ソーシャルビジネスにおけるパートナーシップ形成のメカニズム ——

13.1 は じ め に

　開発途上国が貧困や格差といった社会的課題を解決し，内発的発展を遂げるためにソーシャルビジネスは鍵となる重要な概念である．これまでの ODA をはじめとしたトップダウン型の開発援助の限界が指摘され，ボトムアップ型の自立的発展すなわち内発的発展が社会的に要請されてきた．これまでは別個のものと考えられてきた社会的課題解決とビジネスが融合しつつあるのには理由がある．ビジネスがもつ自律性や持続性は，内発的発展やボトムアップアプローチと相性がよいことが一つの理由である．また，これまで NPO や NGO といった非営利団体をはじめとする市民セクター団体（CSO：Citizen-Sector Organization）が力をつけ組織の生産性や規模，影響を及ぼす範囲などを拡大し効率的な組織運営を行うようになっている．こうした背景により CSO と営利企業がパートナーとなり共同事業を運営することが容易になっている．このような異なる主体同士のパートナーシップのうち，とくに営利企業と CSO や社会起業家との間の連携はハイブリッド・バリューチェーン（hybrid value chain）とも呼ばれ注目を集めている[1]．さらに，IT 化やグローバル化の進展により，クラウドファンディング（crowd funding）のような新たな資金調達法をはじめとした様々な分権的な社会の仕組みづくりが進んでいる．このような新たな仕組みは，様々な主体を結びつけソーシャルビジネスを成立させるための要素となっている．

　このような時代背景により内発的発展を促すソーシャルビジネスが多く見られるようになってきているが，そこで特徴的なのはパートナーシップである[2]．これまで社会的課題解決を担ってきた CSO とビジネスを行ってきた営利企業のほかに，ソーシャルビジネスでは様々な主体がパートナーシップを形成している．

そして，このようなパートナーシップ形成がどのようなメカニズム（仕組み）で達成されるのかを知ることは，ソーシャルビジネスや内発的発展を理解するうえで重要である．本章では，ソーシャルビジネスにおけるパートナーシップ形成に関するモデルと事例の分析を行う．

13.2　パートナーシップの類型

　パートナーシップにはいくつかの類型がある．ここではそれらの代表的なものを紹介する．まず，短期的なパートナーシップでは異なる主体がごくわずかな期間，場合によっては1回限りの協力関係を築き事業を行う．短期的なパートナーシップにおいて重要なのは，パートナーシップに関わる主体がパートナーシップから享受する便益を見出し，それを各主体が認識することである．近年のIT化やグローバル化などによる社会の構造的な変化や人々の意識の変化などがあり，新たなパートナーシップの可能性が生まれてきている．ここでは途上国の辺境まで適正技術（appropriate technology）と呼ばれるシンプルな技術によるイノベーションを届けるための仕組み，あるいはプラットフォームを構築しているアメリカの認定NPOコペルニクを事例にしてパートナーシップ形成を分析する．短期的なパートナーシップは異なる主体間だけでも形成されうるが，コペルニクの事例を見るとわかるように，パートナーシップ形成を促す新たな主体または媒介（medium）が関わることもある．いずれにしても，ここで重要なのは異なる主体の目的や特性などを見極め，パートナーシップ形成による便益実現の可能性を見出し，かつこうした異なる主体を結びつける交渉や説得などを行うというある種のアントレプレナーシップ（entrepreneurship：起業家精神）である．ここでは，短期的なパートナーシップを「静的なパートナーシップ」（static partnership）と呼ぶことにする．

　こうした短期的なパートナーシップに対して，より長い期間をかけて構築するパートナーシップがある．短期間ではお互い協力すると便益があるが，同時にある種の「裏切り」をするとより多くの便益があるので協力が難しいような状況は「囚人のジレンマ」（prisoners' dilemma）と呼ばれている．短期間では各主体にパートナーシップから逸脱するインセンティブがあるが，長期間にわたるパートナーシップを形成し協力から逸脱した場合の「罰則」を適切に定めることにより，

逸脱のインセンティブをなくすことができる場合がある．このように短期的にはパートナーシップの形成が難しくとも，中長期的にはそれを形成できる場合がある．このようなケースを，「中長期的なパートナーシップ」と呼ぶことにする．中長期的なパートナーシップでは，パートナーシップが定める明示的あるいは暗黙的なルールから逸脱した場合にはある種の罰則があり，協力から逸脱して一時的な利益を得るよりもこのルールに従い中長期的な協力関係を築いた方が便益が大きくなるようになっている．このようにして，短期的には構築することが難しいパートナーシップであっても中長期的な関係を考えることにより実現できる場合がある．ここではこうした中長期的なパートナーシップを「動的なパートナーシップ」(dynamic partnership) と呼ぶことにする．

ここでは，便宜的にパートナーシップを短期的なものと中長期的なものに分類したが，実際のパートナーシップにはこの両者の要素が含まれることが多い．以下こうしたパートナーシップのモデルと事例を分析する．

13.3　パートナーシップの事例分析 1 ── NPO コペルニク ──

従来のトップダウン型の援助では，途上国の農村地域や孤島などのいわゆる「ラストマイル」と呼ばれる辺境にいる人々の社会的課題を解決することには限界があった．こうした状況に対して，アメリカの認定 NPO 法人コペルニク (Kopernik) は，これまでに見られなかったような仕組みで適正技術をラストマイルに届けることを目標に活動を続けている．コペルニクの特徴は，適正技術を届けるためのプラットフォームを形成し，様々な主体を緩やかに結びつけたパートナーシップを形成していることである．このパートナーシップを形成する主体はコペルニク[3]によると，① 企業/財団パートナー，② 現地パートナー，③ 調査パートナー，④ テクノロジー製造者，⑤ ネットワークパートナーである．① 企業/財団パートナーとしては大和証券，ラッセル・インベストメント，エクソンモービル，ベネッセコーポレーション，日本航空などが例としてあげられている．これらの企業は支援金や物資，サービスを無償，あるいは格安で提供している．② 現地パートナーとは途上国現地で活動する NGO や NPO，その他団体，学校などのことで，上に述べた CSO にあたる組織のことである．現地のニーズやサプライチェーンを把握し製品を必要とする人々へ安価に届けるためにこのような現地パートナーは

重要であり，また製品の使用評価を現地で行い製造者や開発者へのフィードバックを行い製品改良に貢献している．現地パートナーの例としては，Action for Child Development Trust（ケニア），African Centre for Advocacy and Human Development（ナイジェリア），Alam Sehat Lestari（インドネシア），AMDA（Association of Medical Doctors of Asia，日本）などがあげられる．③調査パートナーとは大学や研究機関のことである．マサチューセッツ工科大学（MIT），コロンビア大学，慶應義塾大学などはコペルニクが提供する適正技術が現地の人々の生活に与えた影響や効果の測定を行っている．ソーシャルビジネスの目的は，社会的課題を解決することである．どの程度目的が達成されたかを知るためには財政的な指標だけではなく，現地で製品を使用している人々の生活が製品使用前後でどのように変化したのかというインパクト評価が重要である[4]．後に述べるように，コペルニクではインターネット上で個人からの小口の寄付を多く集めるというクラウドファンディングの手法により資金調達を行っている．クラウドファンディングをうまく運営するために重要な条件の一つが，寄付のインパクトを寄付者にわかりやすく示すことである．クラウドファンディングの革新性は，個人が直接社会的課題解決に貢献していることを実感できる点にある．コペルニクは現地パートナーと連携し製品のインパクト評価を行うことにより製品改良に役立てるだけではなく，寄付者に対するフィードバックを行うことによりクラウドファンディングをうまく機能させようとしている．④テクノロジー製造者としては，d. light（アメリカ，ソーラーライトの開発など），Q DRUM（南アフリカ，1回で50リットルの水を運ぶことのできる回転式の水の運搬器具，Qドラムの製造など），SOLAR EAR（ブラジル，低コストで高品質の補聴器の製造，流通など），F CUBED（オーストラリア，太陽光による脱塩プロセスやソーラー浄水器など効率的な浄水システムの開発など：図13.1参

図 13.1 F CUBEDによる太陽光海水淡水化パネル（出典：F Cubed Facebookページ）

照),SUNDAYA(インドネシア,家庭用ソーラーシステムの製造など)などの企業に加えて,MIT D-Lab のような大学組織があり総計数十の団体とパートナーとなっている.これらの団体は技術的シーズ(研究活動から生まれた特許などの知的財産のこと)をもち,コペルニクのパートナーからもたらされる現地のニーズや製品評価のデータを利用して製品開発や製品改良を行っている.

　最後に,⑤ ネットワークパートナーとしてはクリントン・グローバルイニシアチブ(Clinton Global Initiative),バイオマス調理用コンロを提供するグローバルアライアンス(Global Alliance for Clean Cook Stoves),世界経済フォーラム(World Economic Forum)などがあるが,これらの機関や組織を通してコペルニクの活動の広報を行っている.そのほか,インドネシアでは BaKTI,INOTEK,RAMP-IPB などの団体,組織とパートナーを組み現地のネットワークを築いたり現地での適正技術開発を行ったりしている.

　このようなパートナーシップに加えて,コペルニクはインターネット上でパートナーであるテクノロジー製造者がもつ技術や製品を掲載し,小口からの寄付を募っている.あらかじめ定められた寄付額に達すると,その製品は実際にニーズのある現地の人々へ届けられる.ここで重要なのは,コペルニクはこれらの製品を現地の人々に無償で提供するのではなく低価格で販売するということである.究極的には現地の人々が自立して市場から製品を買うことができるように市場をつくることが目的であるため,当初は低価格で製品を販売し多くの人々に製品を使用してもらい,製品に対する信頼を築く.低価格設定による損失や製品の使用法などを学ぶ講習会開催の費用などはオンラインで募った寄付金によって賄う.そして,徐々に価格を上げていき最終的には市場メカニズムだけで製品が手に入るような状態にまで至ることを目標としている.これは適正技術の導入により,ビジネスの力を利用して現地の人々の自立性を高めながら社会的課題を解決するアプローチである.このような仕組みにより,これまではなかなか援助の手が届きにくかったラストマイルに住む人々の生活を改善する可能性が出てきている.

　また,オンラインで寄付をする個人にとってみれば,これまでは社会的課題の解決に直接貢献するという実感をもつことができなかったのが,コペルニクが提供するクラウドファンディングとインパクト評価の仕組みを利用することにより,少額であろうとも自ら行った寄付が社会的課題解決に貢献する様子を見ることができるようになる.このような仕組みにより,これまでは社会的課題解決に

参画できなかったような多くの人々がこのような問題に携わることができるようになるのである．

　CSOなどの現地パートナーにとってみれば，これまでは手に入れることができなかったような適正技術製品を入手できるようになり，これまで培った現地の人々とのネットワークや信頼関係，現地の人々のニーズなどに関する情報などを生かしながら直接ラストマイルの抱える課題を解決する可能性が出てきた．

　さらに，テクノロジー製造者にとってみれば，現地の人々のニーズを把握し，製品に対する評価を受けることにより製品の開発，改良が可能となり，これまでは届けることのできなかったラストマイルの人々へ製品を届けることができるようになった．また，信用力に乏しい創業まもない企業や組織にとって，クラウドファンディングは直接的な資金調達を可能にするものである．従来はいい製品やアイデアがあっても資金調達ができず実現しなかった製品が，クラウドファンディングにより製品化の可能性が出てくるのである．

　図13.2は，こうしたコペルニクによるパートナーシップ形成によるラストマイルへ適正技術を届ける仕組みを表したものである．これまでは途上国の課題に関

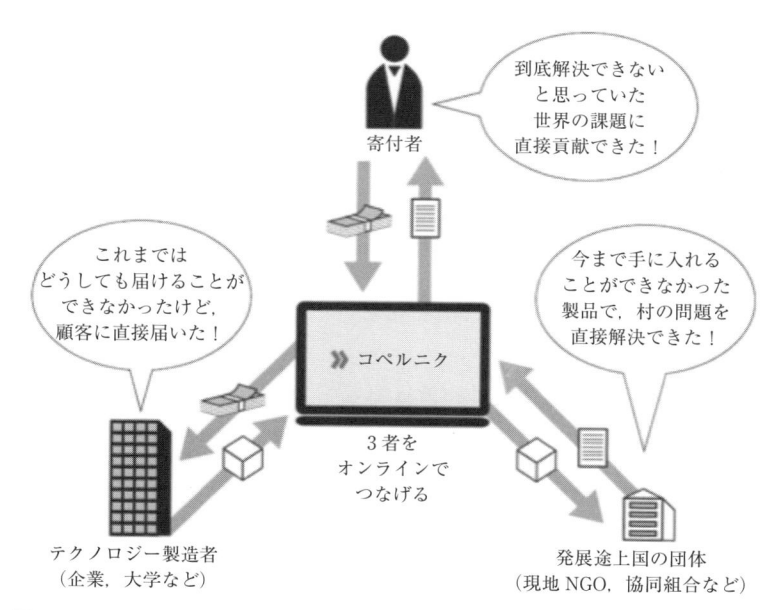

図13.2　コペルニクの仕組み（出典：ダイヤモンドオンライン「世界を巻き込む」，http://diamond.jp/category/s-sekaiwomakikomu）

わることがなかった主体が関わりをもつようになり，従来から途上国援助の活動を行ってきた CSO など現地の団体はこれまでとは違った形で主体的に援助に取り組むことができるようになり，開発援助を民主化（democratize）する仕組みと考えることもできる．こうした仕組みが可能になったのには背景がある．一つは IT 化の進展によりインターネットが浸透したことである．先進国，途上国を問わず多くの人々がインターネットを使える環境になったことで，オンラインでプラットフォームを形成することが可能となった．とくに，クラウドファンディングは無名の企業や団体の資金調達法を大きく変容させたが，これを可能にしたのは IT 化である．また，営利企業が潜在的な大きな市場として途上国の貧困層をターゲットにするいわゆる「BOP ビジネス」と呼ばれるものはソーシャルビジネスの重要な部分であるが，これはグローバル化の進展とともに資本主義のフロンティアが拡大する動きと解釈することができよう．このようにコペルニクの事業モデルを成立させている背景には，IT 化やグローバル化があることを留意されたい．

　別の側面ではコペルニクのアプローチは市場メカニズムやビジネスの手法だけに頼るのではなく，寄付や補助金の役割を積極的に認めているところである．CSO であっても完全に事業として採算を取ることを求めるのではなく，補助金を受け入れることも許容し，あくまでも社会的課題の解決を主目的とすることが特徴である．これは先に紹介したハイブリッド・バリューチェーンとも関連するが，CSO と営利企業がパートナーシップを組むためにそれぞれの内部組織を「進化」させる過程で見られる新しい組織形態である[5]．

　コペルニクが与えた社会的なインパクトについては 2010 年の設立から 2014 年 3 月までで，プロジェクトの対象者数が約 17 万人，届けたテクノロジーの数が約 3 万件，目標額に達したプロジェクト件数が約 100 件，プロジェクトを行った国の数が 16 か国となっている。コペルニクのアプローチは，援助のボトムアップアプローチを可能にするものとして世界的な注目を集めている．コペルニクの共同創設者である中村俊裕氏は 2012 年世界経済フォーラムのヤンググローバルリーダーに選出され，もう 1 人の共同創設者であるエヴァ・ヴォイコフスカ（Ewa Wojkowska）氏は，2011 年に社会起業家を支援するアメリカの NPO アショカ（Ashoka）によりアショカチェンジメーカーに選出されるなど社会的に高い認知を得ている．コペルニクによる取組みはまだ始まってまもなく，評価が定まるに

は時を待たねばならないが，既に成果を着実にあげており社会を変革する新たなアプローチとして注目に値する．

13.4 パートナーシップの事例分析 2 ―ハイブリッド・バリューチェーン―

13.3 節で詳述した NPO コペルニクによる適正技術をラストマイルに届けるためのパートナーシップは，ソーシャルビジネスにおけるハイブリッド型のパートナーシップの好例であるが，本節ではそれ以外のパートナーシップの事例をいくつか紹介する．とくに，ハイブリッド・バリューチェーンの例をあげ，CSO と営利企業の間のパートナーシップに注目する．

ここではメキシコにおける貧困層に対する生命保険供給の事例を紹介する．NPO アショカ（http://fec.ashoka.org/）によると，かつてメキシコでは生命保険加入者の割合は 7% 以下であり，とくに貧困層では家計の担い手の死による葬式費用の負担や収入源のリスクを分散することが難しかった．そうした事態に対して，AMUCSS（Mexican Association of Social Sector Credit Unions）と生命保険大手のチューリッヒ保険会社（Zurich Financial Services）がパートナーシップを組み，地方の貧困層に対して生命保険を販売することにした．AMUCSS は現地の人々との信頼関係や情報などと，保険を販売する際のネットワークなどを提供した．チューリッヒ保険会社は保険を販売し，それに伴うリスクを引き受けることとした．これにより毎年新たに約 2 万 5,000 件以上の新規契約が生まれており安価な生命保険を貧困層に対して大量に販売するというビジネスモデルが成立し，新たな生命保険市場ができあがりつつある．この事例に見られるように CSO と営利企業とのパートナーシップにより，新たな市場が生まれる可能性がある．パートナーシップに参加する企業や団体はその経験から学習することが多く，いったんその市場を確立した後は競合相手に対する参入障壁を築くことができる．また，そこで得た知識やノウハウは他の分野やターゲットに対しても有用な場合もあるだろう．例えば，メキシコの生命保険の例では，メキシコの他地域での生命保険販売やより所得が高い層をターゲットとした生命保険販売も始めている．このようにハイブリッド・バリューチェーンにおいては，経験によって得られる知識（経験知）による先行者の利益が存在する．加えて，企業や団体の人材

獲得について考えると，ハイブリッド・バリューチェーンを構築することにより優秀な人材を惹きつけることができる．すなわち，こうした事業にはリスクがあり，金銭的なリターンの他にも社会的課題の解決という別次元の報酬があり，時には困難なものである．こうしたある種フロンティアにあたる事業にリスクをとってまでも挑戦しようという人材は，リーダーシップのある優秀な人物である．このようにソーシャルビジネスを行うことは優秀な人材を惹きつけその企業や組織の価値を向上させる可能性を残し，また企業や団体内で優秀な人材を選別する仕組みにもなりうるものである．

13.5　静的なパートナーシップ

　13.3, 13.4 節で見たパートナーシップの特徴は，いずれもパートナーシップを形成することによりそれに参加する主体が便益を比較的短い間に享受できることである．すなわち，パートナーシップは各主体にとって「Win-Win」なのである．こうしたパートナーシップが成功するために必要なのは，（時代の潮流を読み）異なる主体を結びつけ各主体に便益があるようなパートナーシップを構想する力，異なる主体と交渉しパートナーシップに加わる便益を説得するコミュニケーション力，パートナーシップ形成に伴うリスクをとることができるリーダーシップである．こうした資質やスキルはちょうど起業家に要求されるもの（起業家精神あるいはアントレプレナーシップ）と重なる．ソーシャルビジネスにおいてはこのような起業家としての資質が求められ，ソーシャルビジネスに携わる者はときには社会起業家（social entrepreneur）と呼ばれることもある．

　こうした「Win-Win」なパートナーシップを「静的なパートナーシップ」と呼ぶことにしよう．こうしたパートナーシップでは中長期的な動的な協力関係の構築ではなく，「1回限り」の短期的な協力関係の構築を意図したものである．こうしたパートナーシップにおいては，機会を見出すアントレプレナーの存在が重要となる．また，パートナーシップは異なる主体を引き合わせるだけではなく，様々な工夫が必要である．コペルニクの例では市場をつくるために，製品を無償提供せずに低価格で販売し徐々に価格を上げていく戦略がそれである．コペルニクは共同創設者である中村氏とヴォイコフスカ氏の構想から始まり，それを実現する過程では様々な主体との交渉があった[4]．また，パートナーシップ構築までには

幾多の困難や失敗があった．こうしたリスクをとりながらもパートナーシップを成立させ，適正技術をラストマイルにまで届ける仕組みをつくった両氏は（社会）起業家としての資質を備えていたといえる．

このようにソーシャルビジネスにおいて静的なパートナーシップがしばしば見られるのは，IT 化やグローバル化などの社会構造の変化によるものである．こうした潜在的な機会が現れ，そうした機会を発見しソーシャルビジネスという形にするのが起業家である．

13.4 節で取り上げた事例でも，CSO である AMUCSS と営利企業であるチューリッヒ保険会社がパートナーを組むと新しい市場ができると見込んだ人物や，リスクを承知の上でこの事業に取り組むという判断をした人物がいたはずである．実際に起業をするかどうかは別として，このように起業家的な資質をもった人物が静的なパートナーシップを構築する際には重要であることがわかる．

13.6 動的なパートナーシップ

13.5 節で見た静的なパートナーシップは，比較的短い期間で成立するものである．それに対して，中長期的な期間があってはじめて成り立つようなパートナーシップは存在するのだろうか．CSO と営利企業がパートナーシップを組むことを検討していると仮定しよう．パートナーシップを組むことにより，ソーシャルビジネスを立ち上げることにより貧困層をターゲットにしたビジネスを行い，市場をつくり出す可能性があるとする．CSO にとってみると営利企業とパートナーになることにより，ビジネスの手法で社会的課題を解決できるという便益がある．営利企業にとってみると CSO がもつ現地のネットワークや現地の情報を利用して新たな市場を開拓できるという便益がある．ソーシャルビジネスの特徴は，CSO と営利企業の目的が究極的には異なることである．すなわち，単純化するとCSO の目的は社会的課題の解決であり，営利企業の目的は利益をあげることである．まだ市場がないところ，または市場が立ち上がりつつある状態で両者が協力することにより，お互いにとって便益があるようなパートナーシップを組むことがソーシャルビジネスの要点である．13.5 節で見た静的なパートナーシップでは，異なる主体が「Win-Win」であるような状況を分析した．しかし，現実的には社会的課題解決とビジネスで利益をあげることの間にトレードオフがある場合

13.6 動的なパートナーシップ

もあるだろう．例えば，今 CSO と営利企業がパートナーシップを組みソーシャルビジネスで適正技術製品を開発，販売するとしよう．CSO は現地のニーズを把握しているため製品の規格決定権をもっているとする．また，製品の価格については営利企業が決定権をもっており，CSO は製品の規格について，二つの選択肢があるとする．

すなわち，A：現地のニーズにほどほど適した規格だが安価に製造できるもの，B：現地のニーズに適しているがコストが高くつくもの，の二つの選択肢を選ぶことができるものとする．営利企業も価格設定について二つの選択肢があるとする．すなわち，A：現地の人々が無理なく買える低価格，B：現地の人々が買えるがかなりの高価格，の二つの価格設定が可能であるとする．ここで CSO が A を選び，営利企業が B を選ぶことを (A, B) などと表すことにする．ここで，両者にとって製品の規格はほどほどのもの (A) で価格も低価格 (A) に設定することが最善であると仮定する．しかし，CSO にとっては営利企業が低価格 (A) をつける場合に規格を B として現地の人々の効用を高めた方がよく，また営利企業にとっては CSO が規格を A とした場合には高価格 (B) をつけた方がより多くの利益を得ることができると仮定する．ここでは，両者にとって望ましい状況 (A, A) を達成しようとすると CSO または非営利企業がそこから逸脱しようとするインセンティブが発生するのである．これはゲーム理論における「囚人のジレンマ」と呼ばれる状況である．図 13.3 はこうした状況を示している．

	A	B
A	2, 2	0, 3
B	3, 0	1, 1

図 13.3 囚人のジレンマ利得表

図 13.3 で各セルの数字は左側が CSO の利得，右側が営利企業の利得を表すとする．CSO と営利企業の戦略は A または B である．このゲームのナッシュ均衡は (B, B) となり，両者にとって理想的な (A, A) は達成されない．13.3 節や 13.4 節で検討した静的なパートナーシップとは異なり，ここでは短期的な（1 回限りの）CSO と営利企業の間のパートナーシップを組むだけでは望ましい状態は達成されない．しかし，このゲームを繰り返しプレーする状況では，望ましい状

態が達成されうることがわかっている[6]．今囚人のジレンマを無限回繰り返すことを考えよう．無限回の繰返しはソーシャルビジネスにおける中長期的な関係の本質を捉えるための仮定である．CSO と営利企業は各回相手が A または B のどちらを選択したか観測できるとする（A または B をくじ引きで確率的に選ぶことはできないとする）．各主体の戦略は初回から無限回繰り返される囚人のジレンマ各回に A または B のどちらかを選ぶという行動計画である．この行動計画は各回その直前までの CSO と営利企業の選択に依存させることができる．なお，δ（$0<\delta<1$）を割引き因子として，将来の利得を割り引き，総利得を現在価値で表すことにする．例えば，毎期（A, A）が選ばれる場合の総利得は $2+2\delta+2\delta^2+2\delta^3+\cdots=2/(1-\delta)$ などとする．

ここで次のような戦略を考える．CSO と営利企業は初回は A を選ぶ．第 2 期以降は，それまでに誰も B を選んだことがなければ A を選び，どちらかが一度でも B を選んだことがあれば B を選ぶこととする．この戦略は，毎回（A, A）を選び両者にとり理想的な状態を達成するために，もし一度でも「裏切り」B を選んだ場合には両者が B を選択する．(B, B) という状態はこの囚人のジレンマを 1 回のみプレーした場合のナッシュ均衡であったので，相手が B をとるときには自分も B をとることが最適である．しかし，このときの各主体の効用は 2 となってしまう．これは両者の間で一度でも裏切りが観測された場合には「罰則フェーズ」に入るという仕組みである．理想的な状態である（A, A）を毎回達成するために，もしここから逸脱した場合には両者が罰則フェーズに入り損をするというルールを設定するのである．ここでこの戦略が均衡となる条件を考える．両者がこの戦略に従った場合，毎期（A, A）が選ばれるのでそれぞれの総利得は $2+2\delta+\delta^2+\delta^3+\cdots=2/(1-\delta)$ となる．今営利企業はこの戦略のままで CSO だけがこの戦略から逸脱したとする．CSO にとって最も有利な逸脱の仕方は初回に B を選び（裏切り）利得 3 を得て，その後は罰則フェーズに入るのでそれに従うことである．第 2 期以降に裏切った場合には総利得はこれより下がってしまうので初回に裏切るのが最も有利である．この場合の利得は $3+\delta+\delta^2+\delta^3+\cdots=3+\delta/(1-\delta)$ となる．この戦略に従う方が有利な条件は $2/(1-\delta)\geqq3+\delta/(1-\delta)$，すなわち $\delta\geqq1/2$ となる．割引き因子が一定以上である，すなわち，各主体が将来の利得を一定以上重要だと考える場合にはこの戦略が均衡（正確には部分ゲームナッシュ均衡）になる．1 回限りの囚人のジレンマでは (B, B) しか選ばれないが，このゲー

ムを繰り返した場合には（A, A）を毎回選ぶことが実現されうることがわかる．

　ここから，ソーシャルビジネスのパートナーシップにおいては，CSO と営利企業のように場合によっては利害が対立し，長期的な協力関係を築くことによってはじめて便益が実現される場合があるということである．そして，このような場合を動的なパートナーシップと呼ぶことにする．動的なパートナーシップを成り立たせるためには中長期的なルールの設定が必要である．このルールから逸脱した場合にその主体をどのように「罰する」かという罰則の設定も重要である．このように，動的なパートナーシップは静的なパートナーシップとは異なった時間を通じた複雑な組織設計が必要となってくる．なお，こうした中長期的なパートナーシップを分析するもう一つのモデルとして関係的契約（relational contract）モデルというものがあり，主体間の暗黙の契約と金銭的移転を許容したものがある．ソーシャルビジネスにおけるパートナーシップの関係的契約モデルによる研究も行われている[7]．

13.7　お わ り に

　本章では，内発的発展を促すための鍵となるソーシャルビジネスにおけるパートナーシップに関する分析を行った．ソーシャルビジネスにおけるパートナーシップは，大別すると静的なパートナーシップと動的なパートナーシップという2種類のパートナーシップに分類することができる．実際に見られるパートナーシップはこの二つの混じり合ったものであり，また個々のソーシャルビジネスの発展段階に応じてその比率も変わりうるものである．ソーシャルビジネスの初期段階では「Win-Win」であったものが発展段階では囚人のジレンマ的な状況に変化することも十分に考えられる．また，一つのパートナーシップにおいてもより詳しく部分を観察すれば，「Win-Win」的な部分と囚人ジレンマ的な部分の両方を見出すこともあろう．本章で見たようにパートナーシップを成り立たせるためには，様々な仕組みや工夫が必要である．ソーシャルビジネスを深く理解するためにはパートナーシップの理解が不可欠であり，その際に静的なパートナーシップと動的なパートナーシップを成り立たせる原理を知ることが重要である．本章ではこうしたパートナーシップを分析する基本的な枠組を提供した．

注と参考文献

1) Bill Drayton, Valeria Budinich: A new alliance for global change, Harvard Business Review, September, 2010
2) 松行彬子,松行輝昌：BOP ビジネスによる企業・非営利組織・国際機関の連携――発展途上国におけるソーシャルイノベーションの展開を中心として――,現代社会研究,10,2013
3) Kopernik HP: http://kopernik.info/ja, 2014
4) 中村俊裕：世界を巻き込む,ダイヤモンド社,2014
5) 松行輝昌：BOP ビジネスにおける内部組織とパートナーシップの進化,交渉学会誌,**23**(1),2013
6) Drew Fudenberg, Jean Tirole：Game Theory, MIT Press, 1991
7) 松行彬子,松行輝昌：ソーシャルビジネスにおけるパートナーシップ形成に関する関係的契約モデル,現代社会研究,11,2014

索　引

欧　文

BAJ　3, 121
BOP ビジネス　14, 17, 22
BRAC　19
CCS　40, 50
CSO　157, 166, 168
CSR 活動　15
IC カード　111
JETRO　14
JICA　1, 3, 15, 24
JICA 報告書　3
LRT　116
MOP　15
NGO　3, 14, 19, 120, 129, 157
NPO　152, 157
NPO コペルニク　159, 163
ODA　3, 114, 120, 157
OJT　2, 6
TOP　15

あ　行

アジア太平洋人道支援報告書　84
アフリカ開発会議　17
アフリカ系移民　147

移住地　152, 154
井戸　122, 124
イボ人　149, 151
移民定住区　141
インド洋大津波　27, 29, 87
インフラ公共事業　68
インフラ整備　11

雨水タンク　20, 23

衛生教育　24

エコツーリズム　101
エネルギー需要　45

温室効果ガス　40

か　行

カウンターパート　24
嵩上げ区画整理　65
化石燃料　45
仮設住宅　35, 53, 59, 65
観光振興　98, 100, 103
観光ビザ　148
官製福祉　73
干ばつ　134

起業家精神　99, 158, 165
技術移転　48
救援物資管理　92
共助　32

区画整理事業　67
クラウドファンディング　157, 160, 163
クリーンコール技術　45
グリーン・ツーリズム　101
グローバル人材　8

計画経済時代　75
減災　32
原子力　40, 50

公共交通　110
公共交通機関　116
公共交通ネットワーク　112
工事移民　137
公助　32
交通インフラ整備　110
公的社会福祉制度　73

高齢化社会　76
国際移民　146, 151
国際協力機構（JICA）　1
国連開発計画　147
コージェネレーション　48
戸籍管理　143
コペルニク　159, 163
コミュニケーション力　11
コミュニティレベル防災活動　36
コンパクトシティ　117

さ　行

災害救援活動　92, 93
災害周期　93
災害対策基本法　30
災害と女性　85
災害リスク　30
再生可能エネルギー　40, 49
在日アフリカ人　148
在日ナイジェリア人　150
サステイナブル・ツーリズム　101, 102

ジェンダーレンズ　90
事業継続計画　32
自助　32
自然災害　27
慈善組織協会　72
地場産業　64
市民セクター団体（CSO）　157, 166, 168
社会的脆弱性　86
社会的不平等　86
社会福祉　70
社会保障カード　113
社会保障予算　74
社区　77

囚人のジレンマ　158, 168
住民基本カード　114
省エネルギー　42, 50
新エネルギー　43, 50
人材育成　5, 7, 130

ステイクホルダー　102
スマトラ沖地震　106

生活用水供給プロジェクト　121
生態移民　133, 136
生態システム　134
性的暴力　85, 90
世界経済フォーラム　163
セツルメント運動　73
ゼロエミッション　46

ソーシャルビジネス　19, 157, 160, 166
ソーシャルワーク　71

た　行

太陽光発電　44
高台移転　61, 66
ダークツーリズム　109
脱貧困　132
単位体制　76

地域福祉　74
地下水調査　123

地球温暖化　27, 40

低環境負荷エネルギー　40
適正技術　18, 21, 158

土地区画整理事業　54
トレードオフ　33

な　行

日本型福祉　80

ネットワークパートナー　161

は　行

ハイエン（台風）　84, 87
バイオマス　46, 48
バイオマス資源　42
ハイチ地震　27
ハイブリッド・バリューチェーン　157, 163, 164
バガス　46
パートナーシップ　157, 161, 164, 169
阪神・淡路大震災　29

ピエン　23
東日本大震災　34, 41, 53, 152
被災地観光　98, 104, 107
病原性微生物　20, 23
貧困人口　138
貧困地域　135

風力発電　44
福祉元年　73, 74
福祉トライアングル　72
福島第一原発　53
復興事業　65, 67
ブリッジエーシアジャパン（BAJ）　3, 121

防災　26, 28, 33
防災教育　31
防災訓練　34
防潮堤　65
防潮堤建設事業　54
ボランティア制度　73

ま　行

水管理委員会　126
水供給施設　126, 129
ミレニアム開発目標　15
民間高齢者施設　77

や　行

揚水ポンプ　123

ら　行

ラストマイル　161
リゾート観光地　140
リプロダクティブヘルス　90, 94

国際開発と内発的発展
——フィールドから見たアジアの発展のために—— 定価はカバーに表示

2014年9月5日 初版第1刷

編集者	北　脇　秀　敏
	金　子　　　彰
	岡　﨑　匡　史
発行者	朝　倉　邦　造
発行所	株式会社 朝倉書店

東京都新宿区新小川町 6-29
郵便番号　　162-8707
電　話　03(3260)0141
ＦＡＸ　03(3260)0180
http://www.asakura.co.jp

〈検印省略〉

© 2014 〈無断複写・転載を禁ず〉　　　　中央印刷・渡辺製本

ISBN 978-4-254-18049-7　C 3040　　Printed in Japan

JCOPY　〈(社)出版者著作権管理機構 委託出版物〉

本書の無断複写は著作権法上での例外を除き禁じられています。複写される場合は、そのつど事前に、(社)出版者著作権管理機構(電話 03-3513-6969, FAX 03-3513-6979, e-mail: info@jcopy.or.jp) の許諾を得てください。

東洋大学国際共生社会研究センター編

環 境 共 生 社 会 学

18019-0 C3040　　　Ａ５判 200頁 本体2800円

環境との共生をアジアと日本の都市問題から考察。〔内容〕文明の発展と21世紀の課題／アジア大都市定住住環境の様相／環境共生都市の条件／社会経済開発における共生要素の評価／米英主導の構造調整と途上国の共生／環境問題と環境教育／他

東洋大学国際共生社会研究センター編

国 際 環 境 共 生 学

18022-0 C3040　　　Ａ５判 176頁 本体2700円

好評の「環境共生社会学」に続いて環境と交通・観光の側面を提示。〔内容〕エコツーリズム／エココンビナート／持続可能な交通／共生社会のための安全・危機管理／環境アセスメント／地域計画の提案／コミュニティネットワーク／観光開発

東洋大学国際共生社会研究センター編

国 際 共 生 社 会 学

18031-2 C3040　　　Ａ５判 192頁 本体2800円

国際共生社会の実現に向けて具体例を提示。〔内容〕水との共生／コミュニティ開発／多民族共生社会／共生社会のモデリング／地域の安定化／生物多様性とエコシステム／旅行業の課題／交通政策と鉄道改革／エンパワーメント／タイの町作り

東洋大学国際共生社会研究センター編

国 際 開 発 と 環 境
―アジアの内発的発展のために―

18039-8 C3040　　　Ａ５判 168頁 本体2700円

アジアの発展と共生を目指して具体的コラムも豊富に交えて提言する。〔内容〕国際開発と環境／社会学から見た内発的発展／経済学から見た～／環境工学から見た～／行政学から見た～／地域開発学から見た～／観光学から見た～／各種コラム

東京大学大学院環境学研究系編
シリーズ〈環境の世界〉1

自然環境学の創る世界

18531-7 C3340　　　Ａ５判 216頁 本体3500円

〔内容〕自然環境とは何か／自然環境の実態をとらえる（モニタリング）／自然環境の変動メカニズムをさぐる（生物地球化学的，地質学的アプローチ）／自然環境における生物（生物多様性，生物資源）／都市の世紀（アーバニズム）に向けて／他

東京大学大学院環境学研究系編
シリーズ〈環境の世界〉2

環境システム学の創る世界

18532-4 C3340　　　Ａ５判 192頁 本体3500円

〔内容〕〈環境の世界〉創成の戦略／システムでとらえる物質循環（大気，海洋，地圏）／循環型社会の創成（物質代謝，リサイクル）／低炭素社会の創成（CO_2排出削減技術）／システムで学ぶ環境安全（化学物質の環境問題，実験研究の安全構造）

東京大学大学院環境学研究系編
シリーズ〈環境の世界〉3

国際協力学の創る世界

18533-1 C3340　　　Ａ５判 216頁 本体3500円

〔内容〕〈環境の世界〉創成の戦略／日本の国際協力（国際援助戦略，ODA政策の歴史的経緯・定量分析）／資源とガバナンス（経済発展と資源断片化，資源リスク，水配分，流域ガバナンス）／人々の暮らし（ため池，灌漑事業，生活空間，ダム建設）

東京大学大学院環境学研究系編
シリーズ〈環境の世界〉4

海洋技術環境学の創る世界

18534-8 C3340　　　Ａ５判 192頁 本体3500円

〔内容〕〈環境の世界〉創成の戦略／海洋産業の拡大と人類社会への役割／海洋産業の環境問題／海洋産業の新展開と環境／海洋の環境保全・対策・適応技術開発／海洋観測と環境／海洋音響システム／海洋リモートセンシング／氷海とその利用

東京大学大学院環境学研究系編
シリーズ〈環境の世界〉5

社会文化環境学の創る世界

18535-5 C3340　　　Ａ５判 196頁 本体3500円

〔内容〕＜環境の世界＞創成の戦略／都市と自然（都市成立と生態系，水質と生態系）／都市を守る（河川の歴史／防災／水代謝）／都市に住まう（居住環境評価／建築制度／住民運動）／都市のこれから（資源循環／持続可能性／未来）／鼎談

国連大学高等研究所日本の里山・里海評価委員会編

里 山 ・ 里 海
―自然の恵みと人々の暮らし―

18035-0 C3040　　　Ｂ５判 224頁 本体4300円

国連大学高等研究所主宰「日本の里山・里海評価」（JSSA）プロジェクトによる現状評価を解説。国内6地域総勢180名が結集して執筆〔内容〕評価の目的・焦点／概念的枠組み／現状と変化の要因／問題と変化への対応／将来／結論／地域クラスター

上記価格（税別）は2014年8月現在